Das Bild des Körpers
in der Kunst des 17. bis 20. Jahrhunderts

Zeichnungen aus dem Kupferstichkabinett
der Akademie der bildenden Künste Wien

Edition Oehrli

Wir danken der Gesellschaft der Freunde der bildenden Künste Wien
für die Unterstützung dieser Publikation

Das Bild des Körpers in der Kunst des 17. bis 20. Jahrhunderts

Zeichnungen aus dem Kupferstichkabinett
der Akademie der bildenden Künste Wien

Herausgegeben von
Monika Knofler und Peter Weiermair

Rupertinum Salzburg
Museum für moderne und zeitgenössische Kunst, Salzburg

Herausgegeben von Peter Weiermair im Auftrag des Rupertinums aus Anlass der Ausstellung

„Das Bild des Körpers in der Kunst des 17. bis 20. Jahrhunderts – Zeichnungen aus dem Kupferstichkabinett der Akademie der bildenden Künste Wien" im Herbst 2000 in Salzburg und Modena

Auswahl der Zeichnungen: Monika Knofler und Peter Weiermair

Wir danken der Gesellschaft der Freunde der bildenden Künste Wien, Sylvia Eisenburger für die Unterstützung dieser Publikation.

Organisatorische und technische Mitarbeit Rupertinum Salzburg: Susanne Greimel

Mitarbeiter Kupferstichkabinett Wien

Restaurierwerkstätte: Verena Flamm, Hilde Seidl

Rahmung: Hans Czuchajda, Manfred Krenn

Technische Aufnahmen der Blätter: Sigrid Haider

Transport: hs art service, Wien

Copyright © 2000 by Rupertinum, Salzburg

Die Ausgabe für den Buchhandel erscheint bei EDITION OEHRLI GmbH, 8006 Zürich, Schweiz

Lektorat: Susanne Greimel

Gestaltung und Satz: Kanzlei mit Vision, Salzburg

Gesamtherstellung: EBS, Editoriale Bortolazzi-Stei s.r.l., San Giovanni Lupatoto (Verona), Italien

Abbildung vorne: Hubert Maurer, Männlicher Rückenakt, 1790, braune und schwarze Kreide, mit weißer Kreide gehöht auf Papier

Abbildung hinten: Karl Sterrer, Halbfigur eines männlichen Rückenakts, 1948, schwarze Kreide, laviert auf Papier

ISBN 3-905597-32-2

Inhalt

Quadal, Martin Ferdinand
(1736 Niemtschitz – 1808 St. Petersburg)

Der Aktsaal der Wiener Akademie im St. Annagebäude
Bleistift, Feder in Braun, Eisengallustinte
198 x 329 mm
Inv. 30.020 B

Das Bild des Körpers

Überlegungen zu einem ikonographischen Thema

Peter Weiermair

Die vorliegende Ausstellung vermittelt anhand von 74 Zeichnungen eine Vorstellung vom Reichtum und von der Qualität der Sammlung des Kupferstichkabinetts der Wiener Akademie der bildenden Künste. Die aus dem 17. bis ins 20. Jahrhundert stammenden Werke stellen unter der ikonographischen Klammer der Aktdarstellung eine Folge von Zeichnungen dar, die sowohl nach der Natur wie nach Bildwerken der Antike, aber auch aus der bloßen Vorstellung entstanden sind. Schon der stilistischen Kontraste wegen holt die Auswahl weit aus und geht zurück bis in die Anfänge der Akademie ins 17. Jahrhundert. Sie bietet damit einen Überblick über vier Jahrhunderte Zeichenkunst.

Auslöser für das Projekt war die Schönheit der oft anonymen „Akademien", aber auch die Qualität der Zeichnungen von Professoren und Schülern, anonymen wie zuordenbaren Werken, die zum Teil an der Akademie entstanden sind, aber auch Geschenke und Stiftungen darstellen.

Mein Dank geht vor allem an Frau Dr. Monika Knofler, die in allen Phasen der Vorbereitung dieses Projekt voll Enthusiasmus gefördert hat. Sie hat nicht nur mit mir gemeinsam in zahlreichen Sitzungen die sorgfältige, Qualitäten und formale Spannungen zwischen den Blättern kalkulierende Auswahl getroffen, sondern auch mit ihren tüchtigen Mitarbeitern den wissen-

schaftlichen Apparat erstellt und einen fundierten Beitrag verfasst, der sich mit dem Aktstudium an der Akademie, jenem zentralen Teil des Lehrbetriebs, der bis ins 20. Jahrhundert reicht, auseinander setzt.

Diese Ausstellung und der sie begleitende Katalog illustrieren daher auf didaktische Weise jenes Gebiet, welches seit der Renaissance für die Ausbildung aller Künstler von entscheidender Bedeutung war: das Studium des menschlichen Körpers, seiner anatomischen Proportionen anhand antiker Modelle, die als Originale oder als Gipskopien zugänglich waren, darüber hinaus jedoch auch das Studium an zuerst männlichen, später weiblichen Modellen, und vor allem dann im 20. Jahrhundert die Darstellung des Aktes im privaten Kontext.

Publikationen wie die vorliegende sind in mehrfacher Weise nützlich, ja unentbehrlich. Sie bilden graphische Werke ab, Zeichnungen, die nicht allzu lange dem Licht ausgesetzt bleiben dürfen, die also wieder in das Dunkel der Sammlungen zurückkehren müssen. Erst durch die Veröffentlichung können sie einem wissenschaftlichen, aber auch breiteren Publikum zugänglich gemacht werden.

Dass dieser Katalog vorgelegt werden kann, verdanken wir der Unterstützung der Gesellschaft der Freunde der bildenden Künste in Wien, hier vor allem Frau Sylvia Eisenburger, die sich dafür besonders eingesetzt hat.

Darüber hinaus hat auch die Transportfirma der Ausstellung, hs art service, einen ergänzenden Druckkostenbeitrag zur Verfügung gestellt. Herrn Siegfried Schöffauer ist daher ebenfalls herzlich zu danken. Erfreulich ist auch, dass Walter Guadagnini die Ausstellung nach Modena übernimmt, in ein Museum, welches mit ähnlicher Ausrichtung wie das Rupertinum in Salzburg dem Medium Zeichnung große Aufmerksamkeit schenkt.

Aktualität erhält diese Ausstellung sowohl aufgrund formaler wie inhaltlicher Überlegungen. Formaler, weil die Figuration derzeit wieder stärker von Künstlern ausgeübt und vorgetragen wird, inhaltlicher, weil das Thema des Körpers gerade aufgrund seiner zeitgenössischen Gefährdungen nach wie vor im Mittelpunkt des modernen Bewusstseins steht. Die Faszination, die die Zeichnungen aus vier Jahrhunderten bei uns hervorrufen, hat natürlich auch mit erotischen und sexuellen Motiven zu tun. Die scheinbar so unbeteiligt wirkenden Zeichnungen des Barock, des Klassizismus und der Romantik nehmen nicht nur Bezug auf eine öffentliche Symbolik und Metaphorik, eine kulturelle Körpersprache mit ihren festgelegten Regeln, sondern auch auf private Gefühle und Obsessionen.

Nacktheit war nicht nur Ausdruck für eine alle Menschen verbindende Gemeinsamkeit und Freiheit oder Symbol einer geforderten Reinheit, sondern auch, man denke nur an die Popularität der Motive heidnischer Faune oder auch katholischer lasziver Figuren, die der Hl. Magdalena oder des Hl. Sebastian, die beim Betrachter erotische Gefühle geweckt haben. Im 20. Jahrhundert schiebt sich die sexuelle Komponente noch stärker vor die erotische Perspektive.

Die menschliche Figur war immer ein zentrales Objekt des Interesses und der Projektionen der Künstler des Abendlandes sowie Ausdruck unterschiedlicher, sich verändernder Schönheitsvorstellungen. Bis weit in das 19. Jahrhundert orientiert sich dieser Schönheitsbegriff an den antiken Vorbildern, und über große Strecken ist es ausschließlich der männliche Akt, der erlaubt war, der geübt und gepflegt wurde, ja, Männer dienten sogar als Ersatz für weibliche Aktmodelle.

Im 18., 19. und 20. Jahrhundert kehren sich diese Präferenzen um und der Körper der Frau wird zum intensiven Schauplatz erotischer Projektionen. Darüber hinaus verliert das realistische, das naturalistische Abbild im 20. Jahrhundert immer mehr an Bedeutung zugunsten einer Körperdarstellung, in der der Körper zur Landschaft der Seele und zum Experimentierfeld formaler Programme wird. Das 20. Jahrhundert ist das Jahrhundert, in dem sich die Formprobleme der Zeichnung parallel zur Problematik des (nicht mehr idealen) Körpers stellen. Die Ungewissheit dem Körper gegenüber, der oft in expressiver Ekstase und Entäußerung dargestellt wird, auch in ungewöhnlicher Fragmentierung und Verzerrung, hat auch mit der Krise des Subjektes zu tun.

Ein entscheidender Unterschied der modernen und zeitgenössischen Aktdarstellung in der Zeichnung gegenüber den Werken des 17., 18. und auch 19. Jahrhunderts ist, dass der Akt nicht mehr aus dem umgebenden Raum wie eine Skulptur herausgeschnitten wird. Diese Umrisslinien waren ein unverzichtbarer Teil der historischen Konvention. Charles Baudelaire spricht im Zusammenhang eines Diskurses über Delacroix davon, dass in der Natur weder die reine Linie noch Farbe existierten. Er fordert, dass die Linie der Natur folgen müsse, lebendig und erregt sein sollte und wendet sich daher ganz gegen die klassizistische Umrisslinie eines Ingres oder der Romantiker. Von hier ist es nur ein konsequenter Weg zu Gustav Klimt, der wie Rodin den Körper in eine schwingende, vibrierende Linienfolge auflöst.

Der Beginn der gezielt betriebenen Aktdarstellungen liegt am Ende des 15. Jahrhunderts und die Zeichnung selbst entwickelte sich als eine unabhängige Form der Kunst. In seinen „Commentarii" sprach bereits Ghiberti davon, dass das „Disegno" Fundament aber auch die Theorie der Kunst wäre. Giorgio Vasari (1511–1574) war der Erste, der eine Geschichte der Zeichnung nach Giotto und Cimabue schrieb. Sein berühmtes Buch „Libro di Disegno" brachte die Zeichnungen, die er gesammelt hatte, in eine chronologische Ordnung. Er war Liebhaber und Historiker der Zeichnung zugleich, wie auch Begründer der 1563 geschaffenen „Accademia del Disegno" in Florenz. Im Kontext dieser Grundlagenausbildung spielte seither das Studium des Körpers auf dem Hintergrund der antiken und paganen Leidenschaft für den schönen, also wahren Körper auch in der christlichen Kunst der folgenden Jahrhunderte eine zentrale Rolle.

Begriffe wie Schönheit und Ordnung, Eros und Sexualität müssen wir uns bei der Betrachtung dieser über siebzig Werke vor Augen halten. Darüber hinaus spielt die Reflexion des zeichnerischen Mediums und der unterschiedlichen Techniken und Bildträger eine wichtige Rolle. Bestimmte zeichnerische Techniken, aber auch Papiere und Stile gehören eindeutig in bestimmte Jahrzehnte und Jahrhunderte. Stärker als die Malerei sprechen uns diese Zeichnungen ganz spontan und unmittelbar an, obzwar sie oft Jahrhunderte zurückliegen. Sie vermitteln einen intimen, unverstellten Blick auf die die Wahrheit und physische Wirklichkeit des Körpers suchende Hand. Zeichnungen erlauben uns immer eine unmittelbare Einsicht in die Konzepte und das Denken der jeweiligen Künstler. Sie werden selten mit einer schon vorhandenen Idee geboren, lassen uns den suchenden Prozess des Findens nacherleben und enthalten in ihrer Unmittelbarkeit und Intimität einen überzeugenden Kern von Wahrheit.

Gerade dem Körper gegenüber können wir nicht von einem interesselosen Wohlgefallen von Betrachter und Schöpfer reden, nicht allein von der genauen Beobachtung der physischen Form und den Konturen, den Muskeln und dem „Rohmaterial" des menschlichen Körpers allein, sondern von einem emotionalen erotischen Ausdruck der Aneignung, der über alle Zeiten hin aufrechterhalten blieb.

Ganz bewusst erlaubt die Ausstellung durch Gruppierung und Gegenüberstellung Vergleiche nicht nur von Original und Kopie, sondern auch von Entwicklungen innerhalb eines Œuvres, wie etwa im Fall von Egon Schiele, wo ein sehr frühes, noch stark von der Stilkunst der Jahrhundertwende geprägtes Blatt einer späten Bleistiftzeichnung mit ihrem beruhigten Expressionismus gegenübersteht. Interessant sind auch die Beispiele der Bildhauer, jener Künstler, die durch ihre Stereometrisie-

rung des Körpers (Wotruba) Künstler mehrerer Generationen beeinflusst haben. Zum anderen wird auch die didaktische Methodik der Erfassung des Körpers sichtbar, die einen Künstler wie Herbert Boeckl in die Akademie eingeführt hat, und die ebenfalls viele Künstler mit einem formalen Instrumentarium versehen hat, mit dem sie den Körper strukturell durchleuchten konnten.

Die Ausstellung hält Überraschungen bereit, etwa die frühen Zeichnungen des nicht figurativen Plastikers Karl Prantl, die noch ganz im Banne seines Lehrers Albert Paris Gütersloh stehen, ebenso Blätter des faszinierenden Symbolisten Jettmar oder des Altmeisters des Wiener Phantastischen Realismus Janschka. Auch das Blatt von Arnulf Rainer, von dem die Legende existiert, er habe an der Wiener Akademie nur wenige Tage verbracht, demonstriert noch im Leerraum zwischen den graphischen Kürzeln die verschwindende Figur in extremer Vereinfachung.

In dieser Ausstellung erscheint die Aktdarstellung als eine Domäne der männlichen Künstler, sieht man von dem prachtvollen Blatt von Maria Lassnig ab.

Ganz bewusst wurden an das Ende dieser langen historischen Abfolge zwei Künstler der jüngeren und jüngsten Generation gestellt, die ihre Blätter dem Kupferstichkabinett der Akademie der bildenden Künste geschenkt haben. Der eine, Hubert Schmalix, nun Professor an diesem Hause, pflegt eine reflektierte erotische Figuration und setzt damit eine österreichische Tradition fort, der andere, Christian Schwarzwald, verändert den Körper unter dem Einfluss der Zeichenkunst der Surrealisten aber auch der schwarzen Romantik eines Heinrich Füssli.

Mit dieser subtilen Ausstellung, deren sämtliche Blätter in diesem Buch abgebildet werden, verweist der Organisator, Leiter des Salzburger Rupertinums, auch auf die eigene graphische Sammlung von Original- und Druckgraphik des österreichischen 20. Jahrhunderts, wie auch seine Sammlungs- und Ausstellungspolitik einen Diskurs belegt, der in der Periode populistischer Konzepte der Museumspolitik aufgrund seines leisen und diskreten Anspruchs unterzugehen droht.

Das Zeichnen nach dem Modell
Kontinuum und Bedeutungswandel

Monika Knofler

Vom Tabu des nackten Menschen, wie es noch bis zur Mitte des 20. Jahrhunderts unerschütterlich verankert blieb, macht man sich heute wohl kaum mehr die rechte Vorstellung; gerade heute, wo es bereits zu einer totalen Inflation von Bildern entblößter Körper gekommen ist und zu jeder Zeit nun alles an Reizen verfügbar ist: Akte werben auf Plakaten, Nackte spielen auf Bühnen ihre Rollen, sich offen präsentierende Models bebildern Illustrierte, sind in Film und Fernsehen im Dauereinsatz und selbst Pornographie lässt sich im Internet jederzeit abrufen. Doch eigentlich löst alles das durch endlose Reizermüdung kaum mehr die ehemalige Faszination aus. Das gute alte Shocking hat ausgedient. Dass etwa einem Egon Schiele ein Prozess gemacht worden war, vermag man wohl überhaupt nicht mehr zu begreifen. Die Gefahr hinter alldem allerdings ist, bei allem Gewinn an Freiheit, aber doch evident: Schönheit wurde Schritt für Schritt entwertet, der Zauber der Anziehung beim Enttabuisieren eliminiert und zum leistungssportartigen Sex umfunktioniert. Die Kunst jedenfalls hatte durch die Jahrhunderte hindurch eine bedeutende Rolle in dem „Fest für die Augen" eingenommen, wie es Delacroix gefordert hatte. Und die Suche nach der Vollkommenheit göttlicher Schöpfung im Menschenbild war als Mittelpunkt künstlerischen Schaffens verstanden worden. So verdient in solchem Zusammenhang die Rolle der Kunstakademien überhaupt, im Besonderen aber jene der Kaiserstadt Wien als einer der bedeutendsten, starkes Interesse.

Die Darstellung und Betrachtung von Bildern mit nackten Menschen blieb doch durch Jahrhunderte für das breite Publikum lediglich auf alttestamentarische, mythologische oder allegorische Darstellungen auf Altarbildern, Fresken, Deckengemälden oder Skulpturen beschränkt, während für die kleine Gruppe der Mäzene und Kunstsammler noch Tafelbilder, Kunsthandwerk und Zeichnungen dazukamen. Seit Augustinus die Sexualität als unkeusch gebrandmarkt hatte, gab es da kaum andere Auswege. Von der doppelten Moral der Gesellschaft sei hier allerdings nicht weiter die Rede.

Beschäftigte die Frage nach den Proportionen des menschlichen Körpers die bedeutendsten Künstler wie Leonardo da Vinci, Michelangelo oder Dürer, die sich zeit ihres Lebens mit diesem Problem beschäftigten, so wird das heutige Schönheitsideal durch Bearbeitung digitalisierter Bilder am Bildschirm mit Mausklick erzielt. Und dies bleibt nicht mehr Künstlern vorbehalten, sondern kann von jedermann auf seinem Computer zu Hause gemacht werden. Dadurch wird die bis in das 19. Jahrhundert reichende Beschränkung und Reglementierung des Zeichnens nach dem

10

Modell, welches das Zentrum der künstlerischen Ausbildung und lange Zeit das Privileg von Akademien blieb, noch schwerer nachvollziehbar.

Die Aktstudie ist eng verbunden mit dem erwachenden Selbstbewusstsein der Künstler und der Auseinandersetzung des Menschen mit sich selbst und seinem Umfeld. Im Vordergrund stand die Entdeckung des Menschen, die mechanische Erschließung des Körperbaues, die Erforschung der anatomischen Zusammenhänge, wobei die stilistischen Verschiedenheiten lediglich epochebedingt und eine Ableitung der herrschenden Schönheitsideale sind. Erst am Ende des 19. Jahrhunderts kam es zum Wandel vom Studienobjekt zum Objekt künstlerischer Anschauung und zum Gradmesser künstlerischer Entwicklung.

Diese enge Verbindung von Kunst und Wissenschaft entspricht den aktuellen Tendenzen und Diskussionen, wobei jedoch damals die in ihren Anfängen stehenden naturwissenschaftlichen Forschungen, wie die Anatomie, Geometrie und Perspektive, in engstem Zusammenhang mit dem künstlerischen Schaffen standen und dieses unterstützten. Dass auch die Ausbildung an der Wiener Akademie diese frühen anatomischen Illustrationen im Unterricht verwendete, bestätigt der Bestand der Bibliothek, in dem sich unter anderem die bedeutenden anatomischen Werke des Andrea Vesalius, Gerard de Lairesse oder Johann Daniel Preißler befinden. Für den praxisorientierten Unterricht von Sektionen finden sich seit 1735 Belege, der reguläre Anatomieunterricht wurde 1739 eingeführt, und Johann Martin Fischer schuf bereits 1780 die anatomische Statuette, das Vorbild des „Muskelmannes"[1], eines Ecorché, dessen Abgüsse sich in fast allen Akademien wiederfinden.

Die in dieser Ausstellung gezeigten Blätter aus dem Bestand des Kupferstichkabinetts der Akademie der bildenden Künste in Wien spiegeln deshalb nicht nur deren Entwicklung seit ihrer ersten Gründung Ende des 17. Jahrhunderts bis heute wider, sondern auch deren Unterrichtsmethoden, die künstlerische Entwicklung der mit ihr verbundenen Künstler und somit

einen wichtigen Teil österreichischer beziehungsweise europäischer Kunstgeschichte. Dies entspricht der Ansicht Nikolaus Pevsners *„daß eine Geschichte der Kunst ebenso auf der Betrachtung der Beziehungen zwischen dem Künstler und der ihn umgebenden Welt basieren könnte wie auf der Beschreibung der sich wandelnden Stile."* [2]

Durch diese enge Beziehung von Aktzeichnungen und den Akademien muss kurz auf deren Entwicklung eingegangen werden. Etymologisch stammt der Name Akademie von dem im Nordwesten von Athen am Kephissos gelegenen Hain des Heros Akademos, dem Akademeia oder Hekademeia, in dem Plato lehrte. Im 15. Jahrhundert übernahmen dann die zwanglosen Zusammenkünfte der Akademien der Neoplatoniker, wie der um 1450 gegründete „Chorus Achademiae Florentinae" um Alamanno Rinuccini oder die um 1460 entstandene „Academia Romana" um Pomponio Leto und die um 1470 von Marsilius Ficino gegründete „Academia Platonica", diese Bezeichnung. Diese aus der Begeisterung für die Antike entstandenen Akademien bildeten lose Vereinigungen mit den verschiedensten Zielsetzungen, von „amene lettere", dem guten Stil im Schreiben und Sprechen und einer philosophischen Grundhaltung, zu den „arti cavalleresche" wie dem Fechten, Reiten und Tanzen, bis zu den Vorstufen der späteren Universitäten und Akademien der Wissenschaften.[3] Durch das neue Selbstverständnis der Künstler und deren Bestrebungen der Befreiung aus dem Zwang der Zünfte kam es im Laufe des 16. Jahrhunderts vor allem in Italien zu den ersten Gründungen von Kunstakademien, deren berühmteste sicherlich die von Giorgio Vasari 1563 gegründete „Accademia del Disegno" in Florenz war, die unter der Protektion Cosimo de Medicis stand. Dabei wurde jedoch die Werkstättenausbildung nicht durch eine akademische Ausbildung ersetzt, sondern durch theoretische Fächer ergänzt, wobei die jährlich bestimmten Meister, die „visitatori", mit den jetzigen Gastprofessoren verglichen werden können.[4] Eine besondere Bedeutung kommt den in den Satzungen von

1563 erwähnten Aufnahmearbeiten zu, die den Beginn einer Kunstsammlung bilden sollten, eine Forderung, welche noch bis ins vorige Jahrhundert bestand und den Kern der meisten an Akademien angeschlossenen Sammlungen bilden.[5]

Die Autonomie der Zeichnung ging parallel mit den Lösungsversuchen der Künstler von den mittelalterlichen Werkstätten und fand ihre theoretische Begründung bei Vasari, der die Zeichnung als Produkt eines komplizierten intellektuellen Prozesses ansieht. *„So kommt es, daß die Zeichnung nicht nur in den menschlichen und tierischen Körpern, sondern auch in den Pflanzen, Gebäuden, Skulpturen und Gemälden das Maßverhältnis des Ganzen in bezug auf die Teile sowie das Maßverhältnis der Teile untereinander und zum Ganzen erkennt."* [6] Diese Forderungen bilden noch die Grundlage der Lehrpläne der Akademien bis in die Mitte des 20. Jahrhunderts.

Die Bedeutung des Zeichnens nach dem Modell trat bereits 1575 in dem Reformvorschlag Federico Zuccaris klar zu Tage, indem er einen eigenen Raum für das einmal wöchentlich stattfindende Aktzeichnen forderte. Diese Forderungen konnten jedoch erst 1593 in der „Accademia di S. Luca" in Rom erfüllt werden. Doch schon in den Statuten von 1596 werden den Studenten private Zeichenklassen zu Hause verboten: *„far adunanze in case, ne tene modello senza pemesso del Principe"* [7] und das Privileg der Akademien bestätigt. Immer mehr wird die Bezeichnung „Akademie" zu einem Synonym für das Zeichnen nach dem Modell, so vor allem bei der „Accademia degli Incamminati" der Brüder Carracci in Bologna.

Auch die 1620 in der Bibliotheca Ambrosiana gegründete Akademie von Mailand sollte vor allem die Studenten im Zeichnen der *„varias humani corporis partes ad vivum"* ausbilden, wobei die Anstellung eines bezahlten Modells für das Zeichnen nach der Natur gestattet, jedoch nicht angeordnet wurde.[8] So war das Zeichnen „dal nudo" oder „dal naturale"[9] ein Hauptkennzeichen fast aller italienischer Akademien des 17. Jahrhunderts.

Die Gründung der Akademien spiegelte somit den philosophischen Geist der Epoche wider, die Entdeckungen von Kopernikus, Leonardo da Vinci, Kepler, Galilei, Descartes, Newton oder Leibnitz und gerade diese akademischen Forschungs- und Ausbildungszentren sollten die These Bacons, dass Wissen Macht bedeutet, umsetzen.

Für die spätere Wiener Akademie war jedoch vor allem die 1648 gegründete „Académie Royale des Beaux-Arts" in Paris wegweisend. Diese stellte sich nach dem Plan Colberts völlig in den Dienst des Absolutismus und des ihn unterstützenden Wirtschaftssystems des Merkantilismus. In diesem Zusammenhang kam es zu endgültigen Lösungsversuchen der Künstler von den Zünften, die in Italien schon seit langer Zeit vollzogen waren. Bereits Heinrich IV. war sich der hemmenden Funktion der Gilden auf seine Berufungen von auswärtigen Künstlern und Handwerkern voll bewusst, als er 1608 von der *„Maîtrise, qui oste la liberté ... de travailler"* [10] sprach. Dieser Kampf der Hofkünstler kulminierte in dem Akademievorschlag des Ratsherrn de Charmois von 1648, wobei es jedoch bereits hier zu einer Trennung der „art nobles" und „art mécanique" kam. *„Sa Majesté veut et entend que doresnavant il ne soit posé aucun modèl, fait monstre, ni donne leçon en public, touchant le fait de Peinture et de Sculpture qu'en la dite Académie Royale".* [11] Es war den Künstlern jedoch nicht bewusst, dass sie sich von der Abhängigkeit der Zünfte in die noch wesentlich größere des Hofes begaben.

Schon die Statuten von 1664 legten fest, dass die Professoren jeden Monat abwechselnd die Modelle zu bestimmen, Zeichnungen zum Kopieren für die Anfänger zu beschaffen und die Arbeiten der Studenten zu korrigieren haben. Auch das Zeichnen nach dem Modell war in den Statuten verankert, welches vorschrieb, dass das Aktzeichnen ausschließlich an der Akademie stattzufinden habe. Dieses Statut bildete die Grundlage für die Statutenentwürfe der Wiener Akademie von 1726 und 1751 und den von Jakob Matthias Schmutzer erarbeiten Statuten der Kupferstecherakademie von 1767.

Nach dem Türkensturm von 1683 stieg auch in Wien der Bedarf an Künstlern und ebenso wie in Frankreich führten hier die Berufungen ausländischer, mit Privilegien versehenen „Hofbefreiten" zu Spannungen mit den bürgerlichen einheimischen Meistern. Doch auch in Österreich hatte die merkantilistische Wirtschaftstheorie bereits Fuß gefasst und fand ihren klaren Ausdruck in der Programmschrift Hörnigks „Österreich über alles, wenn es nur will." Das nach dem Türkensturm stagnierende Kunstleben wurde Peter Strudel, der zwischen 1685 und 1686 nach Wien gekommen war, bewusst und sein Entrepreneurwesen erfasste schnell die sich eröffnenden Möglichkeiten. Da im Gegensatz zu Frankreich weder eine aktive Förderung noch eine Bevormundung seitens des Hofes stattfand und die meisten Aufträge dem Repräsentationsbedürfnis des Adels entsprangen, war für einen Künstler, der als „Lionardo in der Allongeperücke" geschildert wurde, ein weites Betätigungsfeld vorhanden.[12] Peter Strudel, der während seiner Lehrjahre in Venedig bereits Erfahrung mit der dortigen Akademiegründung gemacht hatte, eröffnete bereits 1688 nach italienischen Vorbildern „... *in sua casa l'academia del disegno del naturale ... gratis, com ammettervi tutti pitori, scultori & ogn' altro professore di disegno ...*"[13] Traditionell gilt 1692 als Gründungsjahr der Wiener Akademie, da im September und Oktober 1692 bereits 1000 Gulden für Spesen der Akademie an Strudel bezahlt wurden.[14] Anlässlich des Ansuchens von 1692 um ein Hofquartier für die Akademie wurde berichtet, dass „*Ihro May. durch dero Camer Maller Peter Strudl eine academia von der mallerey, bildthauer, fortificytion, prospectiv und architectur-khunst aufrichten zu lassen allerg(nädi)gst entschlossen sei.*"[15] Manfred Koller hat jedoch nachgewiesen, dass schon 1689 im „Avisi italiani" des Giovanni van Ghelen bei der Würdigung von Peter Strudel bemerkt wurde: „*onde ha di nuovo aperta in sua cas l'Academia del disegno del naturale, che l'anno passato principiò gratis, con ammetervi tutti pitori, scultori & ogn'altro professore di disegno...*"[16] Es kann

also angenommen werden, dass die Gründung der „Academia von der Mallerey-, Bildhauer-, Fortification-, Perspectiv- und Architektur-Kunst des Peter Strudel" bereits 1688, also vor 1692 zu datieren sei, obwohl ein archivalischer Beleg eines kaiserlichen Privilegs oder einer Zahlung fehlt, doch war bekanntlich der Wiener Hof mit den Zahlungen an seine Künstler immer etwas im Rückstand. Der Unterricht im Sinne einer italienischen Studioakademie wurde in verschiedenen Unterkünften in der Innenstadt und im Strudelhof unter ständigen finanziellen Problemen abgehalten, da er lange Zeit diese auf seine Kosten unterhalten musste.[17] Auch hier bildete das tägliche Zeichnen nach Vorlageblättern und dem Modell den Mittelpunkt der Ausbildung.[18]

Nach dem Tod Peter Strudels im Jahre 1714 war der Unterricht für elf Jahre unterbrochen, bis 1725 der 1716 aus Paris an den Kaiserhof gekommene Kammermaler Jacob van Schuppen[19] unter Hinweis auf die volkswirtschaftliche Bedeutung um die „Restabilir- und Continuirung der Accademie in der Mahlerey und anderen freyen Künste" zu Strudels Bedingungen ansuchte. Wiederum kam der neue Impuls aus dem Ausland, doch dieses Mal aus Frankreich, was sich in der fast wortwörtlichen Übernahme der Statuten der „Académie Royale" im Statutenentwurf van Schuppens belegen lässt.

Wie an anderen Akademien wurde auch in Wien der Zeichenunterricht noch lange Zeit nach der üblichen Dreiteilung – dem Zeichnen nach Vorlagen, dem Zeichnen nach dem Runden, worunter man Antiken oder Gipsabgüsse verstand, und dem Zeichnen nach dem lebenden Modell – unterrichtet.[20]

So findet man in den Statuten von 1751, dass der Zeichenunterricht nach Antiken und nach dem Modell im Winter täglich, außer an Sonn- und Feiertagen, zwei Stunden nach Sonnenuntergang, im Sommer dreimal die Woche stattfinden soll und dass dazu nicht nur Einheimische, sondern auch Fremde „ohne Unterschied" zugelassen werden. Der Grund für den Abendunterricht lag sicherlich darin, den noch im zünftischen Bereich arbeitenden Lehrlingen und Gesellen die Teilnahme zu ermöglichen. Das Stellen des Modells soll abwechselnd vier Monate lang von drei Professoren der Malerei und der Bildhauerei und bei Abwesenheit durch ihre Assistenten vorgenommen werden.[21] Das Einrichten der Posen entsprang teilweise den inhaltlichen Erfordernissen insbesondere der Historienmalerei und galt gleichsam als Wissenschaft, da es darum ging, bestimmte Muskelpartien zu setzen und diese durch eine besondere Beleuchtung klar erkennbar zu machen. Deshalb mussten die Modelle lange Zeit unbewegt diese Posen einnehmen, wobei ihnen neben ihrer Erfahrung auch Hilfsmittel wie Stöcke, Stricke, Postamente oder Kissen dienten.

Als Aktstudie wurde die am nackten Körper studierte Gebärde oder Stellung bezeichnet, wobei dem Zeichner des Modellaktes im Stand-[22], Rücken-[23] oder Liegeakt[24] die Grundeinsichten des menschlichen Körperbaus vermittelt werden, er sich dann beim Bewegungsakt[25] zusätzlich mit der Klärung von Raumverhältnissen auseinander setzen muss und ihm im Skurz[26] (ritirare in iscorcio) – einer perspektivisch extrem verkürzten Liegefigur als Studien für Deckengemälde – sein volles Können abverlangt wird. Die Bedeutung dieses vorbereitenden Aktunterrrichts wurde durch die Einführung des „Kleinen Modellpreises" während der Regierungszeit Kaiser Karls VI. betont.[27]

Dass jedoch dieser Unterricht nicht immer zur allgemeinen Zufriedenheit abgehalten wurde, zeigt der Fall Anton Domanöck[28], welcher 1742 bei der Niederösterreichischen Kammer angeklagt wurde, in Opposition zur Akademie bei sich zu Hause eine Privatakademie abzuhalten, worunter das Zeichnen nach dem Modell verstanden wurde. Ausschlaggebend war ein Brief Jacob van Schuppens an den damaligen Protektor der Akademie, Gundacker Graf Althan[29], mit der Bitte um Intervenierung, wonach es zur Anklage bei der Niederösterreichischen Hofkammer kam. *„Es unterfanget sich seit kurzer Zeit ein gewisser burgerl. Goldarbeiter Namens Antonis Tomanek in seiner Wohnung eine After-Academie zu halten, und lebendes Modell zu*

stellen: zu diesen ende er verschiedene Akademische Maler zu verleiten gesucht, daß sie zu ihme komen, oder ihre Söhne dahin schicken möchten; auch etwelche Academisten würcklich soweit abgeführt, daß sie nach seinem Modell zeichnen, dessen Stellung er vorhin in der Academie absiehet, und alsdann bei ihme seiner Meinung nach verbessert, mit hin zu ganz frey, und ohne scheuch, als einen Director aufführet. Wie nun dergleichen offentliche Academische functiones /: als welche nicht für ihn oder seine Leuth allein, sondern für einen jeden insgemein, der nur hingehen will, angestellt werden :/ erstlich bey schwerer Straf an sich selbst verbothen seynd /: wie dieses ein in dergleichen fall alhier vor etlichen Jahren begangenes und abgestelltes unternehmen des jungen Philebois erweiset :/"[30] Dies besagt auch, dass schon zuvor ein gewisser Philebois in Konkurrenz zur Akademie bei sich zu Hause das Modell gestellt hatte, und zeigt deutlich die immer wiederkehrenden Reformversuche.

Die Verurteilung Domanöcks 1742 und dessen 1767 erst recht erfolgten Berufung als Direktor der Possier-, Verschneid- und Graveurakademie[31] beweist den Paradigmenwechsel von der vom Hof dominierten Maler-, Bildhauer- und Baukunstakademie zu einer Institution mit verschiedenem, allgemeinerem Ausbildungsziel im Sinne des Merkantilismus, wozu auch die 1758 von Fürst Wenzel Kaunitz-Rietberg gegründete Manufakturzeichenschule zählte. Die Ausgabenliste der Graveurschule von 1771 gibt sowohl Lampen für den Aktsaal, Kerzen für das Modellzimmer als auch die Besoldung des Modells *„täglich Abend 2 Stunden, ohne Sonntag"* an[32], woraus man sieht, dass das Zeichnen nach dem Modell nicht allein die Grundausbildung für Maler und Bildhauer, sondern auch für Architekten, angewandte Künstler und auch später für die Handwerker darstellte. Auch nach der Vereinigung der einzelnen Schulen wird Domanöck gemeinsam mit den Direktoren der anderen Schulen, Sambach, Hohenberg und Schmutzer, *„zum täglichen Zeichnen nach dem Leben und den Antiken"* erwähnt, welche täglich anwesend sein und das Modell stellen mussten.[33]

Die schon aus dem Fall Domanöck ersichtliche stagnierende künstlerische Entwicklung an der Akademie spiegelt sich auch in derem häufigen Wechsel des Domizils, der Kündigung „aus Ersparnisgründen" im Gräflich Althan'schen Haus 1742, dem anschließenden Bezug der ehemaligen Räume des Bibliothekars im 2. Stock des östlichen Seitenflügels der Hofbibliothek[34] und der Schließung der Akademie von 1745 bis 1749 auf Grund des Quartiermangels wider. Bei der Ansicht der Pläne der verschiedenen Lokalitäten geht jedoch klar die dominierende Position des Modellsaales hervor.

Von der Einrichtung des Aktsaales und deshalb auch indirekt vom Unterricht zur Zeit van Schuppens sind wir durch die Bestandsaufnahme anlässlich der Herausgabe der Einrichtung durch van Schuppens Witwe unterrichtet. Damals befanden sich in dem damaligen Logis in den Hofstallungen[35] im *„Zeichnungszimmer: 3 Tische, langes Pult, 4 Bänke. Auf der Wand 3 in Rahmen und Glas eingefaßte Tafeln, auf welchen die Fundamenta der Zeichnung vorgestellt sind. In gleichen die Regeln in Rahm und Glas. Messinglampe mit 12 Lichtern samt blechernen Hut und Röhren. Wandkasten mit 17 eisernen Lichtern, ohne Lichtpuzen, ein Krug und blecherne Kannen zu Baumöle."* Im zweiten *„Zeichnungszimmer: 10 Tische und 13 Bänke, 1 lederner Leinsessel (Lehnsessel). Auf den Tische lange Pulte und 37 kleine Staffeleien auf welche die Exemplaria zu zeichnen gelehnt werden. Wand: 3 große grau in grau gemalene Bilder – Proportionen des menschlichen Aktes. Messinglampe mit 12 Lichtern samt blechenen Hut und Röhren. Wandkasten: Exemplaria zu abzeichnen (schlechter Zustand, da nicht in Rahmen und Passepartout): ganze Figur 72, Köpfe mit Pastell gezeichnet 11, Köpfe mit Kohle und Rötel gezeichnet 97, Köpf, so halb ausgelöscht 15, Händ und Füß 20, Fundamente von Augen, Ohren etc. und Contouren 63."* Aus dieser Beschreibung ist klar ersichtlich, dass zu dieser Zeit der Elementarunterricht sowohl noch in dem Zeichnen nach künstlerischen Vorlageblättern von Teilen des menschlichen Körpers als auch in der Verwendung von anatomischen Zeichnungen und Proportionsschemata im Sinne von Descartes bestand. Besonders interessant ist die Einrichtung des Modellzimmers *„Die Bühn für das Modell mit der Blendwand, wie auch 5 löderne Pölster, 2 Aufsatzstühl und eine Matrazl, 4 von boden herabhengende Strick. Die Circular Bänk für die Zeichner und Posierer mit 7 auswendige Circular=Schämeln. Eine große von Messing gegossene Lampen mit 24 Lichtern samt blechernen Hut und Röhren. Eine Perpendicul=Uhr mit ihren Kasten. Ein Schaff zum Wasser für die so posieren und eines mit Wasser je unter der Lampen. Eine Stellen zu den Reiß=brettern, 2 hohe und 3 niedere Schämel".* [36] Diese Einrichtung entspricht, den aus Drucken und Zeichnungen bekannten Einrichtungen von Aktsälen aus der gleichen Zeit.[37]

Genau erwähnt sind auch die dem Modell zur Verfügung stehenden Hilfsmittel, wie Pölster, Stühle, Matratzen, Postamente[38] oder auch der die Arme und Beine entlastende Strick.[39] Bei der Rückgabe am 17.9.1753 werden noch *„415 Zeichnungen in Rahmen und Glas von verschiedener Größe, 63 große und kleine gipserne Köpf und Bruststücke, teils mit teils ohne Postament und 9 ganze, 13 zerbrochene kleine Figuren von Gips, das hölzernes Kreuz für das Modell,[40] ein Gliedermann..."* angeführt, von denen sich noch heute ein Teil im Kupferstichkabinett befindet. Auch unter dem Nachfolger van Schuppens, dem Hofmaler Maria Theresias, den in Schweden geborenen Holländer Martin von Meytens, war das Urteil der Zeitgenossen über die Akademie nicht gerade sehr vorteilhaft.

Hinter den Neugründungen der Spezialschulen, der späteren Reorganisation und Zusammenführung der einzelnen Akademien stand niemand anderer als der Staatskanzler Fürst Wenzel Kaunitz von Rietberg. Deshalb verwundert es nicht, dass Jakob Matthias Schmutzer[41] kurz nach seiner Rückkehr aus Paris am 19. April 1766 ein Ansuchen zur Eröffnung einer Kupferstecherschule stellte: *„Da das Zeichnen die Seele der Künste, ja der wichtigsten Handwerken ist, so wünsche ich zu Wien, wie ich bereits zu Paris dritterhalb Jahre in den Hôtel de Pologne gethan habe, eine*

Schule zu eröffnen, welche einen jeden, dessen Auf-
führung untadelhaft ist, zu besuchen erlaubt sein soll.
Hier wird alle Tage nach Endigung der kaiserl. Königl.
Akademie zwey Stunden gezeichnet werden. Hier will
ich den Schülern Modelle von jeden Alter und von bey-
den Geschlechten stellen; sie zum Erfinden und Grupi-
ren anführen, und ihnen endlich durch eine leichte
Lehrart zeigen Geschmack und Effekt in ihren Arbeiten
zu bringen."[42] Diese wurde ihm am 6. Juni in einem
Handbillet von Kaiserin Maria Theresia genehmigt,[43]
und es konnte bereits am 1. Juli unter dem Protekto-
rat des Grafen Joseph von Kaunitz-Rietberg im vierten
Stock des so genannten Täubelhofes in der Annagas-
se der Lehrbetrieb aufgenommen werden. Dass zwischen dem Ansuchen und der Eröffnung nur etwas
mehr als zwei Monate verstrichen waren und weiters
die Statuten der "freyen kaiserl. Königl. Kupferstecher-Akademie" schon am 10. November angenommen wurden, zeigt, dass hinter dieser Gründung der
Staatskanzler selbst stand. Sicherlich ging auch der
Aufenthalt Schmutzers bei Johann Georg Wille in Paris auf die Initiative von Kaunitz zurück, welcher von
1750 bis 1752 österreichischer Botschafter in Paris
war und dort den Bündniswechsel Österreichs, das
Renversement d' Alliance von 1756 vorbereitet hat.
Während dieser Zeit wurde er sowohl mit dem Merkantilismus Colberts, den Strömungen der Aufklärung und
auch den der neuen Kunsttendenzen bekannt.

Es ist bezeichnend, dass Schmutzer den Unterricht
an die Zeiten der kaiserl. königl. Akademie anpasste,
um den Besuch von beiden Institutionen zu ermöglichen. Dies wird auch in der Schulordnung besonders
erwähnt, „... weil man von dieser nicht allein niemand
abhalten, sondern vielmehr eine besondere Rücksicht
auf diejenigen zu haben gedenkt, welche sich in dersel-
ben am meisten hervorthun". Weiters wird betont, dass
täglich ein anderer Professor das Modell stellen wird
und die Schüler der Kupferstecherakademie, welche in
den Vorstädten wohnten, während der Wintermonate
vom Sperrgeld befreit waren, während die Schüler der
Maler-Akademie erst 1769 in diesen Genuss kamen.[44]

Waren im Statut von 1751 nur zwei Modelle „männlichen Geschlechts" erwähnt, geht aus dem Statuten-
vorschlag Schmutzers von 1766 deutlich hervor, dass
dieser sowohl männliche als auch weibliche Modelle
vorsah. Letztere kamen jedoch in den endgültigen
Statuten nicht mehr vor, obwohl aus den Akten ersichtlich ist, dass alle Vorschläge angenommen wurden. Dies wäre jedoch auch im Wien des 18. Jahrhunderts bei der von Maria Theresia eingeführten Keusch-
heitskommission auch ziemlich unwahrscheinlich.
Weiters schreibt Schmutzer: „Wie hoch sich aber die
Ausgaben wegen der Modelle belaufen werden, läßt
sich nicht so genau bestimmen: weil die Leute hier
noch nicht so daran gewohnt sind als in Frankreich,
und folglich mehr begehren werden."[45] Für das erste
Jahr waren je 300 fl. und Kleidung, für das zweite
Jahr 200 fl. vorgesehen.[46] Eine eigene Livrée für die
Aktmodelle entsprach groteskerweise durchaus den
damaligen Gepflogenheiten.

Die sich im Archiv der Akademie befindenden Ausga-
benlisten der Jahre 1770–1783 weisen ebenfalls nur
männliche Modelle aus. So verdienten Lorenz Clar und
Mathäus[47] Mayr je 200 fl., was im Vergleich mit dem
Gehalt des Professors für Architektur Vinzenz Fischer
von 300 fl. und denen des Portiers und Hausknechts
von 120 fl. ein sicherlich sehr hohes Einkommen war.[48]
Ab 1771 wurden die Modelle für das tägliche Modell-
stehen für zwei Stunden am Abend monatlich bezahlt,
so erhielt Mathäus Mayr 1771 im Oktober 16 Gulden
40 Kreuzer, 1772 10 Gulden 40 Kreuzer, während der
Lohn von Dominicus Kiel beide Jahre 12 Gulden 30
Kreuzer betrug.[49] Lorenz Clar wurde in diesem Jahr als
Portier geführt, tauchte jedoch in den Gehaltslisten
von 1779 gemeinsam mit Mathäus Mayr wieder als Modell mit je 200 fl. jährlich auf, woraus man schließen
kann, dass ab diesem Zeitpunkt der Gehalt der Modelle budgetiert war.[50] So kann man annehmen, dass die
Aktstudien der Kat. Nr. 13–15 als Vorlageblätter an
der Kupferstecherakademie beziehungsweise an der
Vereinten Akademie entstanden sind und diese als Modell Lorenz Clar und Mathäus Mayr zeigen.

In den Dienstvorschriften für die Diener und Modelle der Maler-, Bildhauer- und Baukunst-Akademie vom 22. Mai 1770 legte Adam Philipp Graf Losy von Losymthal am 23. Mai unter Nummer 2 fest: *„werden die zwei Modelles besonders erinnert, daß ihnen ihre Besoldung nicht darum allein gereicht werde, daß sie den Akt genau, und unverändert halten, sondern auch andere Dienst der Academie wie bis anhero geschehen, als in Beschickung der Mitglieder, der Scholaren, und anderer, in Sauberhaltung der Studierzimmer, und Winterzeit, im Holztragen, und einheizen verrichten, ja mit einem Wort alles, und indes, was ihnen von dem Secretario, oder den würcklichen Professoren zu Dienst der Academie wird aufgetragen werden, willig und fleissig vollziehen sollen. Wer sich aber hirüber beschweren, oder davon entziehen wollte, dem steht es frey sein Glück weitere zu suchen, und den dienst der Academie zu meiden".*[51] Daraus geht hervor, dass das Modell auch für andere Dienste wie Botengänge, Holztragen, Einheizen und für das Sauberhalten der Dienstzimmer verantwortlich war.

Gleichzeitig[52] wurde ebenfalls von Losymthal eine Hausordnung für den Modellsaal herausgegeben, welche sowohl in Deutsch und Italienisch als Druckwerk im Aktsaal ausgehängt wurde und in der eigens angemerkt wird: *„Von den jungen Scholaren soll sich keiner in dem Saal des Modells der Natur ohne Erlaubnuß aufhalten."* Obwohl der Kern der Ausbildung das Zeichnen nach dem Modell bildete, stand dieses auch in Wien im ständigen Konflikt mit den moralischen Vorstellungen der damaligen Zeit.

Die Erneuerungsversuche von Kaunitz und Schmutzer gipfeln in der Vereinigung sämtlicher Kunstschulen mit den Namen *„k.k. Akademie der vereinigten bildenden Künste"*, deren Statuten auf denen von Schmutzer aufbauen. Dass Kaunitz trotz seiner Orientierung nach Frankreich für die Reorganisation der Akademie auch den Rat von in Italien lebenden Künstlern einholte, resultiert sicherlich aus der Tatsache, dass in Rom – in Verbindung mit der Grand Tour – ab der Mitte des 18. Jahrhunderts die erste internationale Kunstszene der Moderne entstand.

Neben Gutachten des Abbé Johann Marcy[53] von 1770[54], des Hofarchitekten und Galeriedirektors des Fürsten von und zu Liechtenstein Vinzenz Fanti von 1772[55] weist der Entwurf des in Rom lebenden österreichischen Künstlers Anton von Maron aus dem gleichen Jahr[56]– der die besondere Unterstützung von Kaunitz fand[57]– vor allem auf die Bedeutung einer Sammlung von Zeichnungen hin, die er gerne bereit wäre, in Rom „günstig" zu erwerben. Das Gutachten des ebenfalls in Rom lebenden Malers Giuseppe Rosa von 1773[58] beschreibt die notwendigen Schulen und schlägt einzelne Professoren vor, wobei er für die Malerschule wiederum auf Anton Maron hinweist und dabei bemerkt, dass diese Berufung besonders vorteilhaft wäre, da seine Frau – die Schwester von Anton Raphael Mengs – eine ebenso berühmte Miniaturmalerin sei und dadurch alle Bedürfnisse des Hofes abgedeckt werden könnten, ohne einen weiteren Maler zu berufen. Im Verständnis der Rollenverteilung des 18. Jahrhunderts wurde damit unausgesprochen gesagt, dass man für einen Gehalt, den des Mannes, zwei Künstler bekäme. Es ist trotzdem bemerkenswert, dass überhaupt an eine Frau als Künstlerin oder sogar Professorin gedacht wurde. Auch in diesem Brief wird noch immer „Akademie" für die Aktstudie verwendet: *„Di grandissima importanza poi sarebbe il procurare al comode di giovani studiosi abbondanza di ottimi disegni di Teste, Mani, Accademie, stampe, e Gessi d'ogni genere ...."*

Der Privilegienstreit mit den Zünften war noch immer nicht geschlichtet und wiederum war es Kaunitz, der sich 1773 für eine endgültige Abschaffung einsetzte, zu der es jedoch erst 1783 kommen sollte und damit das ausschließliche Ausbildungsmonopol der Akademie übertragen wurde.[59]

Durch die Übersiedlung der Akademie in das durch Joseph II. aufgelassene Kloster von St. Anna 1786 wurde die Wiener Akademie zur größten Kunstschule Europas. Der Unterricht beschränkte sich noch hauptsächlich auf den Zeichenunterricht, wobei die traditionelle Dreiteilung der Ausbildung, beginnend mit dem Zeichnen nach Vorlageblättern, dem aufbauenden Zeichnen nach den Antiken und als höchste Stufe, dem Zeichnen nach dem Modell, noch lange Zeit aufrecht blieb. So waren die Professoren und die Direktoren der einzelnen Schulen verpflichtet, jeden Monat neue Vorlageblätter abzugeben, von denen sich noch einige im Kupferstichkabinett befinden.[60] Das Zeichnen nach dem Modell war nicht nur die Grundausbildung der Maler, sondern auch der Bildhauer und Architekten und der Spezialschulen.

Einen hervorragenden Eindruck des Aktsaales von St. Anna vermittelt das gleichnamige Gemälde aus dem Jahr 1787 von Martin Ferdinand Quadal in der Gemäldegalerie der Akademie der bildenden Künste in Wien.[61] Ein Schabblatt danach aus dem gleichen Jahr von Johann Jacobé[62] mit der Dedikation an Fürst Kaunitz-Rietberg und eine Zeichnung dafür befinden sich im Kupferstichkabinett.[63] Es handelt sich jedoch nicht um die Schilderung eines realen Abendaktes, sondern um die idealisierende Darstellung der zu dieser Zeit unterrichtenden Professoren mit fünf Schülern als Staffage. Auf der Zeichnung werden neben den damaligen Professoren wie Johann Christian Brand, Johann Martin Fischer, Vinzenz Fischer, Heinrich Friedrich Füger, Johann Ferdinand Hetzendorf von Hohenberg, Johann Jacobé, Johann Baptist Lampi, Hubert Maurer, Jakob Schmutzer und Franz Anton Zauner noch der Rat Franz Anton Maulbertsch, das Mitglied Friedrich Oelenheinz, die Schutzverwandten Niklas Andreoni[64] und Anton Meidinger[65] wie das Modell und der Künstler selbst genannt. Da in den Gehaltslisten von 1779 noch immer Lorenz Clar und Mathäus Mayr als Modell genannt werden, kann möglicherweise einer von ihnen der Dargestellte sein.[66] Im Zuge der Recherchen ist es ebenfalls gelungen, sowohl den Stecher Jacobé als auch die Maler Oelenheinz, Meidinger und den Bildhauer Andreoni auf der Zeichnung und somit auf den anderen Darstellungen zu identifizieren.

Konnten sich seit dem 16. Jahrhundert die Künstler von dem Zwang der Zünfte lösen, so kam es zum Ende des 18. Jahrhunderts nun umgekehrt überall zum Auf-

begehren gegen den Zwang der Akademien. So kann die von Denis Diderot in seinen Salonkritiken geäußerte Stellungnahme zum herrschenden Akademiebetrieb stellvertretend für die Zeit gelten: *„All diese akademischen Stellungen, gezwungen, zugerichtet, zurechtgerückt, wie sie sind, alle diese Handlungen, die kalt und schief durch einen armen Teufel, der gedungen ist, dreimal in der Woche zu komen, sich auszukleiden und sich durch den Professor wie eine Gliederpuppe behandeln zu lassen, was haben sie mit den Stellungen und Bewegungen der Natur gemein."* [67] Seine Forderung nach einem sich frei bewegenden Modell wurde später von den Nazarenern aufgenommen, die zudem keine professionellen Aktmodelle, sondern Menschen aus dem Volk forderten.[68] Auch der übliche akademische Stil, die verwischte Kreidezeichnung wurde abgelehnt und die reine Umrisszeichnung gefordert. Die Forderung Johann Joachim Winckelmanns nach „edler Einfalt und stiller Größe" wurde besonders durch Heinrich Füger verwirklicht.[69] So schrieb Johann Veit Schnorr 1803 nach seinem Besuch des Abendaktes, dass auch hier die Zeichnung *„ohne zu wischen, blos zu schraffiren, aber mit ganz simpeln Lagen von Strichen"* gemacht wurde.[70] Auch Goethe fordert: *„Der Künstler soll nicht sowohl gewissenhaft gegen die Natur, er soll gewissenhaft gegen die Kunst sein. Durch die treueste Nachahmung der Natur entsteht kein Kunstwerk, aber in einem Kunstwerk kann fast alle Natur erloschen sein, und es kann noch immer Lob vedienen."* [71] Durch diese Spannung kam es schließlich 1810 zur Lösung der Lukasbrüder von der Akademie, an der der traditionelle Aktunterricht noch lange Zeit weitergeführt wurde. So wurde 1819 durch Johann Baptist Ritter von Lampi neuerlich ein Aktpreis ausgeschrieben, der gemäß der Stiftungsurkunde *„einen Act nach der Natur zu zeichnen, wobei die gehörigen Proportionen der Figur und die ordentliche Ausführung der Hände und Füsse vorzüglich zu beachten ist."* [72]

Wie anstrengend der Tagesablauf eines damaligen Studenten war, schildern die Tagebuchaufzeichnungen von Karl Russ: *„Fünf Uhr morgens standen wir auf, um* *sechs Uhr trafen wir in der Akademie zusammen, wo wir nach der Antike oder nach der Natur zeichneten. Darauf eilten wir unverweilt nach der Gallerie, wo wir bis 12 Uhr malten, dann aber in den Belevederegarten gingen, ein Stück Brot aus der Tasche zogen, und während wir es verzehrten, in Fischers Anatomie die Muskellehre lasen. Von zwei bis sechs malten wir wieder in der Gallerie, und dann erst nahmen wir uns Zeit, etwas Warmes zu genießen, worauf wir nach Raffael, Poussin oder anderen Kunstwerken, z. B. Admiranda Romanorum bis in die Nacht hinein zeichneten, um uns in den so schweren Gesetzen der Komposition oder dem so ernsten Begriff des reinen Stils zu üben. Wir waren blaß und mager wie getreue Jagdhunde ...*"[73]

Außer der Forderung Schmutzers in seinem Statutenentwurf von 1766 nach weiblichen Modellen konnten bis jetzt weder archivalische Belege noch weibliche Aktstudien im Bestand des Kupferstichkabinetts gefunden werden, weshalb man davon ausgehen muss, dass tatsächlich den Studenten ausschließlich männliche Modelle zur Verfügung standen. So schrieb auch noch Denis Diderot in der Encyclopédie von 1770 *"On apelle plus particulièrement model, un homme qu'on met tout nud à l'académie."*[74] Dies ändert sich auch bis Mitte des 19. Jahrhunderts nicht, so dass davon ausgegangen werden kann, dass alle weiblichen Aktdarstellungen in privaten Ateliers entstanden waren. Dies entspricht auch den Bedingungen an den anderen Kunstschulen, mit Ausnahme der nicht staatlichen "Royal Academy" in London, wo bereits 1790 nach weiblichen Modellen gezeichnet wurde.[75] Dass in den italienischen Studioakademien in Bologna und Venedig nach dem weiblichen Modell gezeichnet wurde, belegt auch das sich im Kupferstichkabinett befindende Konvolut von weiblichen Aktstudien von Peter Strudel[76], welche während seines Aufenthaltes in Venedig entstanden sind.[77] In Stockholm wurde schon 1835, in Neapel erst 1870 und in Berlin gar erst 1875 nach dem weiblichen Modell gezeichnet. Zwar war es in Wien in der ersten Hälfte des 18. Jahrhunderts vermehrt zu Forderungen nach einem weib-

lichen Modell gekommen, doch kann man annehmen, dass erst nach der vollständigen Wiedereröffnung aller Schulen der Akademie nach der Schließung während der Revolution im März 1848, im Jahre 1852 das weibliche Modell eingeführt wurde. Dass auch woanders noch Ende des 19. Jahrhunderts vor allem nach dem männlichen Modell gezeichnet werden musste, bestätigt auch ein Brief Vincent van Goghs aus Antwerpen an seinen Bruder von 1885/86.

Durch die Wiederentdeckung des Mittelalters und der Glorifizierung des damaligen Werkstättenbetriebes durch die Romantiker wurden – nach deren Berufung an die verschiedensten Akademien – überall nach Absolvierung der allgemeinen Schulen Meisterschulen eingeführt. So auch in Wien 1852[78], die jedoch schon 1865 in Spezialschulen[79] umbenannt wurden und erst wieder 1921[80] als Meisterschulen geführt wurden. Seit der Einführung der Meisterschulen wurde an diesen das Morgenmodell eingeführt, wobei der Abendakt für Angehörige der Akademie öffentlich zugänglich blieb und erst 1939 unter Herbert Boeckl zu einer eigenen Meisterschule umgewandelt wurde, die durch seine Persönlichkeit einen besonderen Stellenwert bekam.

Durch die im 19. Jahrhundert einsetzende Ablehnung des akademischen Aktes wird die Aufmerksamkeit der Künstler immer mehr auf die natürlichen Bewegungsabläufe und den Croquis-Akt gelenkt, bei dem das Modell immer wieder die Stellung wechselt und dadurch den Künstler zwingt, die verschiedenen körperlichen Tatbestände unmittelbar festzuhalten.

Die naturalistische Darstellung des menschlichen Körpers erreichte Ende des 19. Jahrhunderts ihren Höhepunkt in den opulenten Bildern Hans Makarts, aber auch noch in den frühen Arbeiten von Gustav Klimt. Doch mit den Fakultätsbildern für den Festsaal der Wiener Universität kam es zum endgültigen Bruch, welcher sich schon lange Zeit angebahnt hatte. Nun ging es nicht mehr um die perfekte, anatomisch richtige Darstellung des Schönheitsideals der Zeit, sondern um die Darstellung der Befindlichkeit des Menschen. Und es ist nicht verwunderlich, dass fast gleichzeitig die ersten Studien von Sigmund Freud veröffentlicht wurden. Mit wenigen Strichen wird nun nicht nur die äußere Erscheinung, sondern auch deren psychologische Struktur skizziert. Sowohl die Zeichnungen von Gustav Klimt als auch von Egon Schiele setzten neue Maßstäbe für die moderne Aktzeichnung.

Die verschiedensten Versuche, Klimt durch eine Professur an die Akademie zu binden, schlugen leider alle fehl. So entschied sich das Kollegium 1903 für die Nachbesetzung an der allgemeinen Malerschule für den traditionell arbeitenden Rudolf Bacher, der im Protokoll als *„ein ernster Künstler, der sich stets treu geblieben ist und gesunden Auges seine Wege geht"*[81], geschildert wird. Die Krisen der Akademie Ende des 19. Jahrhundert setzten sich auch noch zu Beginn des 20. Jahrhunderts, bis zum Verlust der Selbstständigkeit 1938 und der kriegsbedingten Schließung 1944 fort. Im April 1945 wurde Boeckl, dem es während der ganzen Kriegszeit – nach seiner Enthebung als Meisterschulleiter für Malerei – gelungen war, seine künstlerische Freiheit als Professor des Abendakts zu bewahren, zum provisorischen Rektor ernannt. Bis 1966 blieb der durch die hervorstechende Persönlichkeit von Herbert Boeckel[82] geprägte Abendakt unter seinem Leitmotiv *„Zeichnet's Form"*[83] ein Anziehungspunkt der Akademie.

Zu erwähnen ist auch die besondere Rolle des vom Positivismus geprägten Künstler-Anatomen Hermann Vinzenz Heller, der während seiner 30-jährigen Lehrzeit von 1906-1936 durch seine anatomischen Studien und den von ihm erarbeiteten Anatomie-Atlas Generationen von Studenten geprägt hatte.

Eine besondere Form der Aktzeichnung muss noch erwähnt werden, die Bildhauerzeichnung, deren Ziel es ist, den menschlichen Körper sowohl in seinen konstruktiven Zusammenhängen als auch in seiner Verbindung mit dem Raum zu erfassen. Hier müssen vor allem die Arbeiten von Fritz Wotruba[84] und Joannis Avramidis[85] hervorgehoben werden.

Blickt man auf die über 300 Jahre alte Geschichte der Akademie der bildenden Künste in Wien zurück, so zeigt sich, dass diese aufs Engste mit der Entwicklung der Aktzeichnung verbunden war. Obwohl der tägliche Abendakt noch heute im Lehrplan verankert ist, bildet dieser jedoch nicht mehr den Kern der künstlerischen Ausbildung, den das Zeichnen nach dem Modell bis ins 19. Jahrhundert darstellte.

Anmerkungen

1 Gemäldegalerie der Akademie der bildenden Künste Wien, Inv. Glyptothek alt 478, neu 223

2 Pevsner 1973, p. 13

3 Pevsner 1973, p. 23f

4 Plank 1999, p. 42

5 AK Tours/Toulouse 2000

6 Plank 1999, p. 40

7 Pevsner 1973, p. 72

8 Pevsner 1973, p. 81

9 Pevsner 1973, p. 84

10 Pevsner 1973, p. 93

11 Pevsner 1973, p. 96

12 Lützow 1877, p. 2

13 Koller 1993, p. 96

14 Lützow 1877, p. 1

15 Koller 1993, p. 96

16 Koller 1993, p. 215, QU 31

17 Lützow 1877, p. 4

18 Lützow 1877, p. 7; Kat. Nr. 1–3

19 Kat. Nr. 4–6

20 Kat. Nr. 6–7

21 Lützow 1877, p. 152; Sammer 1980, p. 10

22 Kat. Nr. 1, 9, 26, 27, 34,

23 Kat. Nr. 2, 10, 16, 20, 31

24 Kat. Nr. 11, 14, 16, 17, 22

25 Kat. Nr. 6, 7, 28

26 Kat. Nr. 41–43

27 AA, Prämienprotokolle 1731–1745

28 Domanök, Domanek, Tomanek

29 AA, VA, 1742, Fasc. 1, Mappe 2, fol. 1-9

30 AA, VA, 1742, Fasc. 1, Mappe 2, fol. 2

31 1762–1772, nach der Vereinigung 1772 bis 1779 Direktor der Graveur- und Erzverschneiderschule

32 AA, VA, 1771, Fasc. 1, Mappe 2, fol. 162

33 Wagner 1967, p. 43

34 Diese mussten nach Berufung van Swietens 1745 geräumt werden

35 1749–1759

36 AA, VA, 1751, Fasc. 1, Mappe 2

37 Johann Zoffani, The Life School at the Royal Academy of Arts, 1772

38 Kat. Nr. 32

39 Kat. Nr. 12

40 Kat. Nr. 8

41 Schmuzer (Schmutzer) verwendet selbst beide Schreibweisen

42 AA, Va, 1766, Fasc. 2, Mappe 1, fol. 1–3

43 Hofkammerarchiv, Cameralia 34, N. 346 ex Junio 1776

44 Lützow 1877, p. 38, Fußnote 4

45 AA, VA, 1766, Fasc. 2, Mappe 1, fol. 13

46 In Statuten von 1751 ist unter Punkt 30 der jährliche Gehalt eines Modells mit 150 oder 200 fl. angegeben, Sammer p. 12

47 Matthias

48 AA, VA, 1770, Fasc. 2, Mappe 1, fol. 143

49 AA., VA, 1771, fol. 160

50 AA, VA, 1779, fol. 143

51 AA, VA, 1770, fol. 111

52 AA, VA, 1771, Fasc. 1, Mappe 2, undatiert 1771?

53 Probst bei St. Peter in Löwen, Kanzler der dortigen „Hohen Schule" und Ehrenmitlgied der Akademie seit 1768

54 AA, VA, 1770, Fasc. 2, Mappe 1, fol. 118–135

55 AA, VA, 1772, Fasc. 2, Mappe 1, fol. 11–27

56 AA, VA, 1772, Fasc. 2, Mappe 1, fol. 173–178

57 AA, VA, 1772, Fasc. 2, Mappe 1, fol. 88

58 AA, VA, 1773, Fasc. 2, Mappe 1, fol. 205–208

59 Lützow 1877, p. 69f

60 Kat. Nr. 12–23

61 Inv. 100

62 Kupferstichkabinett Inv. 12.091

63 Kupferstichkabinett Inv. 30.020 B

64 Weinkopf 1875, p. 14

65 Weinkopf 1875, p. 84

66 AA, VA, 1779, fol. 143

67 Bammes 1992, p. 184

68 Kat. Nr. 25

69 Kat. Nr. 20

70 Lützow 1877, p. 85

71 Bammes 1992, p. 186

72 Lützow 1877, p. 176

73 AK Graz 1959, p. 30f

74 Diderot 1770, Bd. 1

75 Lützow 1877, p. 226

76 Von Manfred Koller wurde nur eine Zeichnung eindeutig Peter Strudel zugeschrieben, siehe Koller 1993, p. 173, z 1

77 Kat. Nr. 1–3, Lützow 1877, p. 225

78 Wagner 1967, p. 138

79 Wagner, 1967, p. 100f

80 Wagner 1967, p. 298

81 Wagner 1967, p. 256

82 Kat. Nr. 52

83 AK 1988, p. 7

84 Kat. Nr. 63, 64

85 Kat. Nr. 65, 66

Der Aktunterricht an der Akademie der bildenden Künste

Wien 1689–2000

Strudel'sche Akademie	Peter Strudel	1688/92 – 1714
Akademie der Malerei, Bildhauerei und Baukunst	Jacques van Schuppen	1725 – 1751
	Christian Frister	1727 – 1772
	Michelangelo Unterberger	1751 – 1758
	Paul Troger	1751 – 1762
	Martin von Meytens	1759 – 1770
Kupferstechakademie	Jakob Matthias Schmutzer	1767 – 1772
Vereinte k.k. Akademie der bildenden Künste	Jakob Matthias Schmutzer	1772 – 1811
	Kaspar Franz Sambach	1762 – 1795
	Hubert Maurer	1785 – 1818
	Franz Caucig	1796 – 1828
	Josef Redl	1809 – 1836
	Karl Gsellhofer	1819 – 1850
	Leopold Kupelwieser	1831 – 1862
Ab 1853 Professur für Abendakt	Peter Joh. Nep. Geiger	1853 – 1872
	August Eisenmenger	1872 – 1901
	Julius Schmid	1902 – 1925
	Christian Ludwig Martin	1925 – 1937
	Hans Larwin	1937 – 1938
	Herbert Boeckl	1939 – 1966
	Joannis Avramidis	1966 – 1968
	Walter Eckert	1967 – 1972
	Josef Mikl	1972 – 1997
	Sue Williams	1997 – 1999
	Alois Mosbacher	1999

Die zeitlichen Angaben beziehen sich auf Wagner 1967 und berücksichtigen lediglich den Zeichenunterricht.

Abkürzungsverzeichnis

AA	Archiv der Akademie der bildenden Künste Wien
Abb.	Abbildung
AK	Ausstellungskatalog
AKAD	Akademie
ao.	außerordentlicher
Ausst.	Ausstellung
Bearb.	Bearbeitung, Bearbeiter
bez.	bezeichnet
BIBL.	Bibliothek
BMfU.	Bundesministerium für Unterricht
Fasc.	Fascicel
Hr.	Herr
Hrsg.	Herausgeber
HS	Hochschule
Inv.	Inventarnummer
Jh.	Jahrhundert
Kat.	Katalog
k.k.	kaiserlich königlich
li.	links
Lit.	Literatur
m.	mit
mi.	Mitte
Nr.	Nummer
o.	oben
o.	ordentlich
Prof.	Professor
prov.	provisorisch
Prov.	Provenienz
re.	rechts
RS	Rundstempel
Sign.	Signatur
Slg.	Sammlung
SS	Sommersemester
Tit.	Titular
u.	unten
VA	Verwaltungsakte
WS	Wintersemester
WZ	Wasserzeichen

Die im Katalog angeführten Arbeiten befinden sich alle im Kupferstichkabinett der Akademie der bildenden Künste Wien. Die Auswahl wurde gemeinsam von Monika Knofler und Peter Weiermair getroffen, die wissenschaftliche Bearbeitung der einzelnen Katalognummern von Monika Knofler vorgenommen, für die technischen Aufnahmen der einzelnen Blätter war Sigrid Haider verantwortlich. Die biographischen Angaben beschränken sich auf die Studienzeit und die Lehrtätigkeit der einzelnen Künstler an der Akademie der bildenden Künste und wurden mit Unterstützung von Ferdinand Gutschi, dem Archivar des Akademiearchivs, aus den Studentenverzeichnissen und sonstigem Quellenmaterial erhoben.

Bildteil

1

Strudel, Peter

(1660 Cles – 1714 Wien)

Gründer und Leiter der ersten Akademie, der
sogenannten „Academia von der Mahlerey-, Bildhauer-,
Fortification-, Prospectiv- und Architektur-Khunst"
1688/92–1714.

Stehender weiblicher Akt mit Tuch

Rötel, mit weißer Kreide gehöht,
auf blaugrauem Papier
587 x 433 mm
bez.: re. u.: „25." (Graphit)
li. u.: Akademiestempel: „K.K.AKAD.WIEN"
Inv. 12.498
Lit.: Koller 1993, p. 173, z 1

2

Unbekannter Loth-Schüler

17. Jh., traditionell Peter Strudel

Rückenakt einer sitzenden Frau, 1683/84?

rechts: kleine Skizze eines liegenden Frauenaktes
Schwarze Kreide, mit weißer Kreide gehöht
577 x 438 mm
bez.: re. u.: „683 (od. 84?)/4 Jänner" (schwarze Kreide)
verso: „Sitzender weiblicher Akt"
Schwarze Kreide
bez.: li. u.: „683-2 Jän." (schwarze Kreide)
Mi. u.: Akademiestempel: „K.K.AKAD.WIEN"
Nr. 53
Inv. 12.489
Lit.: Koller 1993, p. 176

29

3
Unbekannter Loth-Schüler
17. Jh., traditionell Peter Strudel

Sitzender weiblicher Akt

Schwarze Kreide, mit weißer Kreide gehöht,
auf grauem Papier
590 x 435 mm
Mi. u.: Akademiestempel: „K.K.AKAD.Wien"
Inv. 12.496
Lit.: Koller 1993, p. 176, z 25

31

4

Schuppen, Jacques van ?
(1670 Paris – 1751 Wien)

Direktor der „kaiserl. Königl. Hof-Academie der Mahler-,
Bildhauer- und Baukunst" 1725–1751.

Syrinxblasender Satyr

Schwarze Kreide, mit weißer Kreide gehöht,
auf grauem Papier
279 x 266 mm
re. u.: Akademiestempel: „K.K.AKAD. WIEN"
Inv. 10.344
Lit.: Schreiden 1976, p. 618, Nr. 223, Abb. 96

33

5

Schuppen, Jacques van ?

(1670 Paris – 1751 Wien)

Studie eines bartlosen Tritons

Schwarze Kreide, mit weißer Kreide gehöht,
auf bräunlichem Papier
368 x 297 mm
verso: re. u.: Akademiestempel: „K.K.AKAD.WIEN"
Inv. 10.352
Lit.: Schreiden 1976, p. 622, Nr. 230, Abb. 103

6

Schuppen, Jacques van ?

(1670 Paris – 1751 Wien)

Gebückt schreitender Satyr, Rückenansicht

Schwarze Kreide, mit weißer Kreide gehöht,
auf bräunlichem Papier
354 x 284 mm
verso: re. u.: Akademiestempel: „K.K.AKAD.WIEN"
Inv. 10.347
Lit.: Schreiden 1976, p. 620, Nr. 226, Abb. 99

7

Unbekannt

Österreichisch 18. Jh.

Gebückt schreitender Satyr, Rückenansicht

Schwarze Kreide, mit weißer Kreide gehöht,
auf blaugrau grundiertem Papier
397 x 299 mm
Inv. 10.922
Nachzeichnung von Kat. Nr. 6

8

Domanöck (Domanek, Domaneck), Franz
(1746 Wien – nach 1.1.1814 Wien)

Sohn des Direktors der „Possier-, Verschneid- und Graveur-
Akademie" Anton Domanöck. Ausbildung bei seinem
Vater, seit 1770 dessen Adjunkt (Assistent) und von
1772–1814 Korrektor an der „K.k. Akademie der
vereinigten bildenden Künste".

Männlicher Akt, Seitenansicht

Schwarze Kreide, mit weißer Kreide gehöht, laviert,
auf grundiertem Papier
592 x 443 mm
re. u.: Akademiestempel: „K.K.AKAD.WIEN"
bez.: Mi. u.: „55" (schwarze Kreide)
bez.: li. u.: „12217 Domanöck"
(Bleistift, von fremder Hand)
Inv. 12.217

41

9

Batoni, Pompeo

(1708 Lucca – 1787 Rom)

*Weinkopf erwähnt schon 1790 „12 sehr schön schrafirte
Akten des Pompejus Batoni" als Vorlagen für die
historischen Anfangsgründe. (Weinkopf 1875, p. 98)*

Männlicher Akt, 1764

*Schwarze Kreide, mit weißer Kreide gehöht,
auf grau grundiertem Papier
530 x 396 mm
bez.: re. u.: „Pompeo Batoni 1764" (schwarze Kreide)
re. u.: zwei Akademiestempel: „K.K.AKAD.WIEN"
Inv. 12.363
Lit.: Clark 1985, p. 387, D 222*

12363

K·AKAD·

102

Pompeo Batoni 1764.

K.K.AKAD.
WIEN

43

10

Batoni, Pompeo

(1708 Lucca – 1787 Rom)

Rückenakt, 1765

Schwarze Kreide, mit weißer Kreide gehöht
525 x 405 mm
bez.: Mi. u.: „Pompeo Batoni 1765"
(Feder in Schwarz)
re. u.: Akademiestempel: „K.K.AKAD.WIEN"
Inv. 12.368
Lit.: Clark 1985, p. 387, D 226

12368

Pompeo Batoni 1765.

11
Novelli, Pietro Antonio
(1729 Venedig – 1804 Venedig)

Liegender weiblicher Akt

Rötel, über Bleistift
129 x 219 mm
bez.: li. u.: „Dies Antonio Noveli facit"
(Feder in Braun)
Inv. 3.815

K·AKAD·

Antonio Nouelli facit

47

12

Schmuzer (Schmutzer), Jakob Matthias
(1733 Wien – 1811 Wien)

Studierte ab 1749 an der „kaiserl. Königl. Hof-Academie der Mahler-, Bildhauer- und Baukunst" bei van Schuppen, 1762–1766 Studienaufenthalt in Paris bei Johann Georg Wille und von 1763–1766 Leitung der dortigen deutschen Zeichenschule. Gründer und Direktor der „freyen kaiserl. Königl. Kupferstecher-Akademie" (1766–1772), von 1772–1811 Direktor der Kupferstecherschule und des Zeichnungsfaches an der „K.k. Akademie der vereinigten bildenden Künste".

Sitzender männlicher Akt, die rechte Hand in der Modellschleife, 1769

Schwarze Kreide
558 x 356 mm
bez.: Mi. u.: „J. Schmutzer 1769" (schwarze Kreide)
li. o.: Akademiestempel: „K.AKAD"
Inv. 6.208

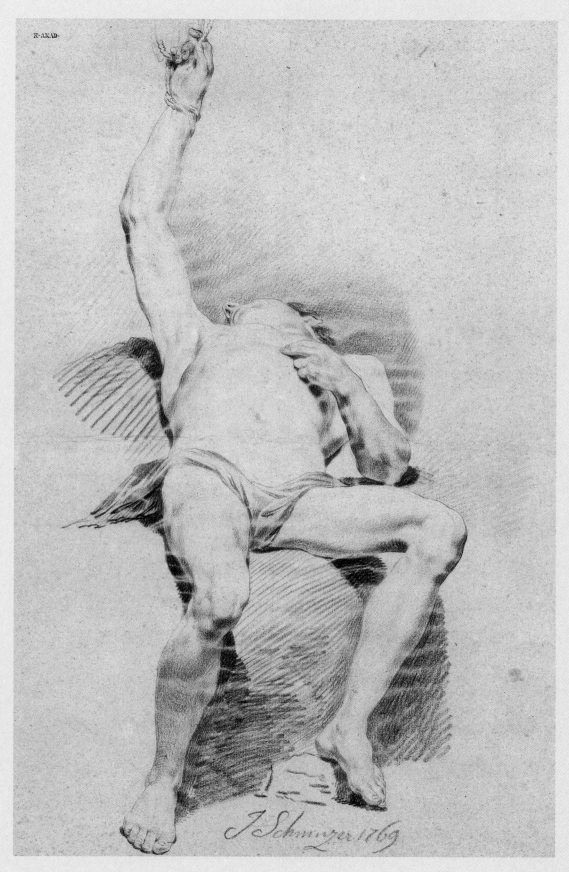

J. Schweizer 1769

13

Schmuzer (Schmutzer), Jakob Matthias

(1733 Wien – 1811 Wien)

Aktstudie zu einer Grablegung, 1770

*Schwarze Kreide, mit weißer Kreide gehöht,
auf grundiertem Papier
615 x 449 mm
bez.: li. u.: „Schmuzer 770" (schwarze Kreide)
li. u.: Akademiestempel: „K.K.AKAD.WIEN"
Inv. 12.180*

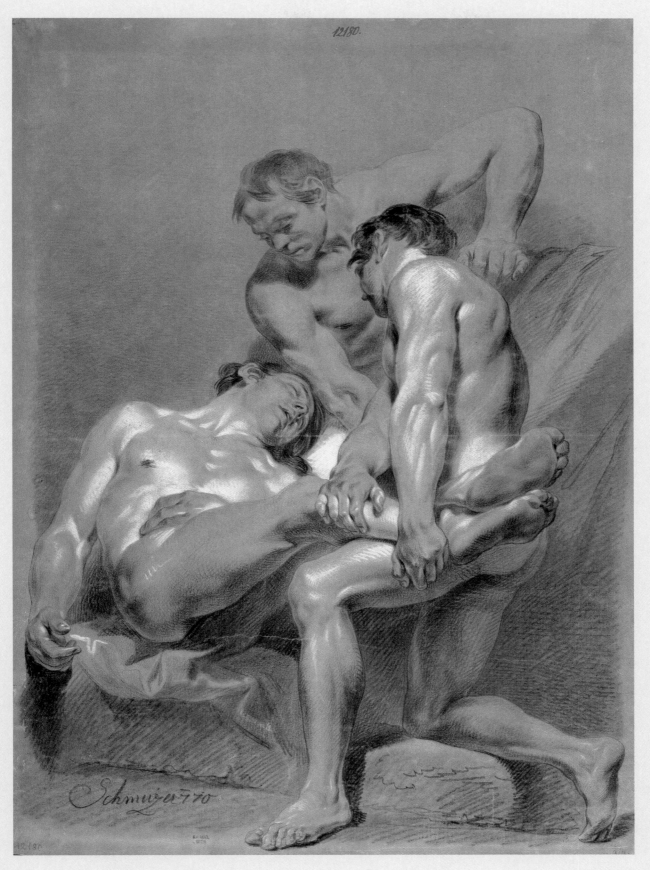

14

Schmuzer (Schmutzer), Jakob Matthias

(1733 Wien – 1811 Wien)

Liegender männlicher Akt, 1778

Kreide, mit weißer Kreide gehöht,
auf grundiertem Papier
616 x 459 mm
bez.: re. u.: „Schmuzer 1778" (schwarze Kreide),
re. u.: Akademiestempel: „K.K.AKAD.Wien"
Inv. 12.215

Schmutzer 1778.

99₁

9

12215

53

15

Maurer, Hubert
(1738 Lengsdorf – 1818 Wien)

In den Schülerverzeichnissen im Akademie Archiv ist lediglich sein Eintritt in die „freye kaiserl. Königl. Kupferstecher-Akademie" im Jänner 1769 mit dem Vermerk „Maler" belegt, doch bereits 1771 wurde er laut dem Protokoll einer ordentlichen Ratssitzung mit einem Preis ausgezeichnet. 1772 weilte er gemeinsam mit Johann Ignaz Tusch, Christian Sambach und Johann Platzer als Romstipendiat bei Anton Maron. Von 1785–1818 Professor der Schule der historischen Zeichnungsgründe.

Liegender männlicher Akt, 1789

Braune und schwarze Kreide, mit weißer Kreide gehöht, auf grundiertem Papier
709 x 518 mm
bez.: re. u.: „Maurer 789" (schwarze Kreide)
Inv. 12.253

16
Maurer, Hubert
(1738 Lengsdorf – 1818 Wien)

Männlicher Rückenakt, 1790

*Braune und schwarze Kreide, mit weißer Kreide
gehöht, auf grundiertem Papier
680 x 502 mm
bez.: Mi. u.: „Hubertus Maurer 790"
(schwarze Kreide),
Mi. u.: Akademiestempel: „K.K.AKAD. WIEN"
waagrechte Bugfalte
Inv. 12.349*

17
Unbekannt
Österreichisch 18. Jh.

Liegender männlicher Akt

Schwarze Kreide, Rötel, mit weißer Kreide gehöht,
auf blauem Papier
403 x 464 mm
Inv. 10.920

18

Füger, Heinrich Friedrich

(1751 Heilbronn – 1818 Wien)

*Füger kam 1774 nach Wien, weilte jedoch von
1776–1783 gemeinsam mit Johann Linder, Franz
Anton Zauner und Gottlieb Nigelli als Romstipendiat
in Rom. Neben dem Aktstudium an der von Papst
Benedikt XIV. im Jahre 1750 auf dem Kapitol
eingerichteten „Accademia del Nudo" und der
„Accademie di San Luca", welche seit 1754 unter der
Leitung von Anton Raphael Mengs stand, besuchte er
nach Aussage von Wilhelm Tischbein die Trippelsche
Privatakademie. Während dieser Zeit kopierte er
Zeichnungen von Mengs, so auch das sich heute im
Kupferstichkabinett der Staatlichen Kunsthalle Karls-
ruhe befindende Blatt (Inv. 1981-5), dessen Nach-
zeichnung noch 50 Jahre später als Vorlageblatt im
Zeichenunterricht verwendet wurde (siehe Kat. Nr. 19).
Nach seiner Rückkehr 1783 wurde Füger als Vice-
Direktor an die Maler- und Bildhauerschule berufen,
der er von 1795 bis 1806 als Direktor vorstand. Seit
1806 war er Direktor der kaiserlichen Gemäldegalerie.*

Sitzender männlicher Akt, 1776/83
Nach Raphael Mengs

Schwarze Kreide, mit weißer Kreide gehöht
534 x 387 mm
bez.: re. u.: „nach Mengs" (Graphit)
bez.: Mi. u.: „71" (Graphit)
Mi. u.: zwei Akademiestempel: „K.AKAD.",
„K.K.AKAD.WIEN"
waagrechte Bugfalte
Inv. 11.890
Lit.: AK Wien 1972, p. 10; Schwarzenberg 1974, p. 44,
Abb. 43; AK Karlssruhe 1994, p. 41, Kat. Nr. 21,
m. Abb.

61

19

Rospini, Antonio
(1810 Wien – ?)

*Am 5.4.1826 Eintritt in die Elementarzeichenschule,
wo er unter anderem Vorlageblätter von Füger
(Kat. Nr. 18) kopieren mußte. Von Juni 1827–1833
Besuch der Zeichenschule, ab November 1826– 1828
gleichzeitiges Studium des Landschaftsfaches bei
Josef Mössmer. 1832 erhielt er den Gundel Preis.*

*Sitzender Akt, 1826/29?
Nachzeichnung von Kat. Nr. 18*

*Kreide
550 x 390 mm
bez.: re. u.: „Anton Rospini 19 Jahre alt kath.
Religion von Wien besucht die k.k. Akademie 3 Jahre"
(Bleistift)
bez.: re. o.: „Dat. 7 April 826 Richter Gestochen am
10.Dez. mille 829 Druck von Spr...." (unleserlich)
(Bleistift)
Inv. 22.873
Lit: AK Wien 1972, p. 10*

20

Füger, Heinrich Friedrich

(1751 Heilbronn – 1818 Wien)

Schreitender männlicher Akt, Rückenansicht, 1776

Schwarze Kreide, Graphit, gewischt,
auf gelblichem Papier
520 x 358 mm
bez.: li. u.: „Nach Mengs Rome 1776" (Graphit)
verso: bez.: re. u.: „Disegnata a Roma 1776"
(Graphit),
li. o.: Akademiestempel: „K.AKAD."
Prov.: Legat Franz Jäger
Inv. 3.304

21

Caucig, Franz

(1755 Görz – 1828 Wien)

*Archivalisch gibt es bisher keinen Beleg für ein
angebliches Studium an der Wiener Akademie. Von
1796-1798 Korrektor der historischen Zeichnungsgründe
bei Heinrich F. Füger, von 1799–1820 Professor der
Historienmalerei und von 1820–1828 Direktor der
Maler- und Bildhauerschule.*

Sitzender männlicher Akt

*Schwarze Kreide, mit weißer Kreide gehöht, laviert,
über Graphit, auf grundiertem Papier
526 x 403 mm
bez.: li. u.: „Caucig" (Feder in Braun)
Mi. u.: Akademiestempel: „K.K.AKAD.WIEN"
Inv. 1.381
Lit.: Rozman 1978; AK Karlsruhe 1994, p. 58,
Kat. Nr. 38*

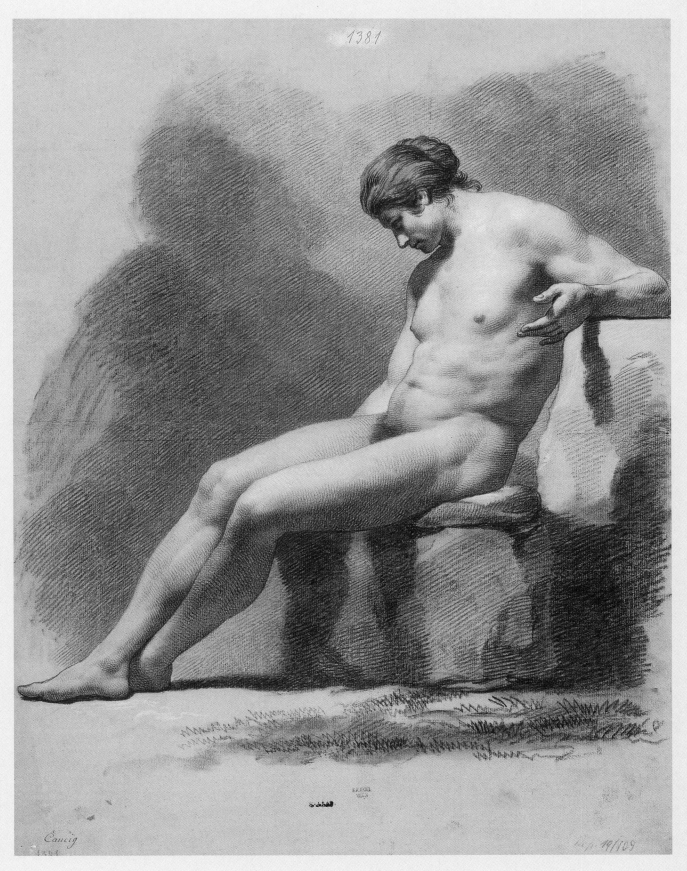

22

Caucig, Franz

(1755 Görz – 1828 Wien)

Liegender männlicher Akt

Schwarze Kreide, mit weißer Kreide gehöht, laviert,
über Graphit, auf grauem Papier
392 x 523 mm
li. o.: Akademiestempel: „K.AKAD."
Inv. 1.509
Lit.: Rozman 1978

23

Caucig, Franz

(1755 Görz – 1828 Wien)

Stehender Akt, den rechten Arm eines Sitzenden haltend

*Schwarze Kreide, mit weißer Kreide gehöht,
über Bleistift, auf grauem Papier
623 x 417 mm
li. o.: Akademiestempel: „K.AKAD."
Inv. 1.517
Lit.: Rozman 1978*

24
Unbekannt
Österreichisch 19.Jh.

Sitzender männlicher Akt

Rötel, mit weißer Kreide gehöht
591 x 439 mm
Wasserzeichen (Lilie im Kreis)
Prov.: 1991 im KUKA aufgefunden
Inv. 30.023

25

Scheffer von Leonhardshoff, Johann
Evangelist
(1795 Wien – 1822 Wien)

Trat am 24. 4. 1809 mit 13 Jahren in die Akademie ein,
im WS 1809/10 ist das „Kopfzimmer" vermerkt,
worunter der Zeichenunterricht nach Teilen des Kopfes
zu verstehen ist. Später ist er jeweils nur in den WS
1810/11 und 1812/13 und im SS 1813 geführt, die
restliche Zeit verbrachte er hauptsächlich auf Reisen in
Italien.

Sitzender Jünglingsakt, 1815

Bleistift
251 x 204 mm
bez.: li. u.: „Roma" (Bleistift)
bez.: re. u.: „Roma la 20.Jannar 1815" (Bleistift)
verso: li. u.: Akademiestempel: „K.K.AKAD.WIEN"
Inv. 8.644
Lit.: Pack 1968, p. 51 u. 94, Abb. 78; AK Wien 1972,
p. 18; AK Wien 1977

Roma li 20 Gennaro 1815.

26

Kupelwieser, Leopold

(1796 Piesting – 1862 Wien)

*Von 1807–1808 Besuch des Elementar Zeichenunterrichts
bei Hubert Maurer, von 1808–1823 Malerkurs (Historienmalerei und Zeichnen) bei Johann Baptist Lampi d.Ä.,
Franz Caucig und Josef Redl. 1831 Korrektor, 1835 a.o.
Prof., 1836–1850 Professor der Historienmalerei,
1850–1852 Professor der Vorbereitungsschule,
1852–1862 Leiter einer Meisterschule für Malerei.*

Stehender männlicher Akt, 1819

*Feder in Braun, Spuren von Weißhöhung
296 x 217 mm
Inv. 12.559
Lit.: Feuchtmüller 1970, p. 233*

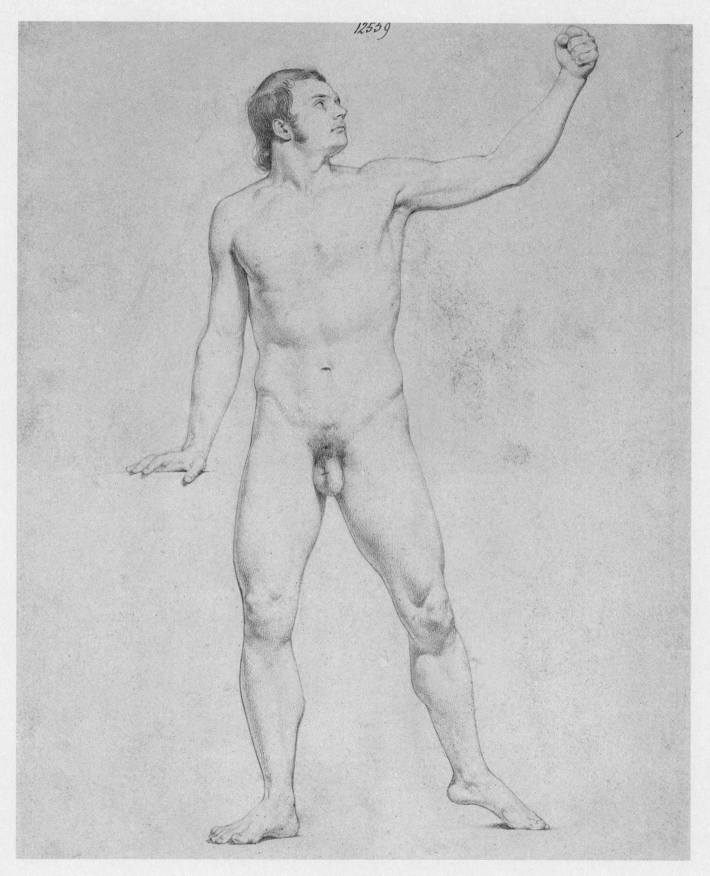

12559

27

Kupelwieser, Leopold

(1796 Piesting – 1862 Wien)

Stehender Akt mit erhobenem rechten Arm

Feder in Braun, auf gelblichem Papier
341 x 209 mm
Mi. u.: Akademiestempel: „K.K.AKAD.WIEN"
Inv. 12.561
Lit.: Feuchtmüller 1970, p. 233

12561.

K.K.AKAD.

28
Kupelwieser, Leopold
(1796 Piesting – 1862 Wien)

Männlicher Akt, nach links ausschreitend, 1819

Feder in Braun
294 x 218 mm
re. u.: Akademiestempel: „K.K.AKAD.WIEN"
Inv. 12.560
Lit.: Feuchtmüller 1970, p. 233

K.K.AKAD.
WIEN

29

Danhauser, Josef

(1805 Wien – 1845 Wien)

*Besuchte von 1820–1826 die Klasse der
Historienzeichnung von Anton Petter. Von 1838–1842
Korrektor für Historienmalerei.*

*Weiblicher Akt mit aufgestütztem rechten Arm,
Brustbild*

*Bleistift, mit weißer Kreide gehöht,
auf blaugrauem Papier
255 x 204 mm
bez.: li. u.: „Aus der Verlassenschaft meines Mannes.
Josephine Danhauser" (Feder in Schwarz)
Mi. u.: Siegel (Tanne und Künstlername)
re. u.: Rundstempel
Inv. 7.295
Lit.: AK Albertina 1983*

Aus dem Nachlaßschaft meines Mannes
Josephine Kaufmann

30

Danhauser, Josef

(1805 Wien – 1845 Wien)

Studie zu dem Altarbild „Johannes ante portam latinam" der Domkirche von Erlau, um 1833

Graphit, mit Pinsel in Weiß gehöht,
auf grauem Naturpapier
386 x 277 mm
bez.: li. u.: „Danhauser" (Graphit),
li. u.: Akademiestempel: „K.K.AKAD.WIEN"
Inv. 11.905
Lit.: AK Wien 1983, Nr. 22.2, m. Abb., p. 36

31

Rahl, Carl

(1812 Wien – 1865 Wien)

*Besuchte von 1827–1831 die Historienzeichenschule
und 1832 die Graveur- und Erzverschneideschule
(Modelleurschule). Lebte von 1836–1850 vorwiegend
in Rom. Von 1850–51 Professor der Malerei an der
Vorbereitungsschule und 1863–1865 Leiter einer
Meisterschule für Malerei.*

Stehender Akt, Rückenansicht, 1829

*Schwarze Kreide, mit weißer Kreide gehöht,
auf grau grundiertem Papier
595 x 430 mm
bez.: re. u.: „...unleserlich...12. I. 1829"
(schwarze Kreide)
re. u.: persönl. Stempel: „C.RAHL"
Inv. 22.818*

32

Ruß, Franz

(1818 Trautenau – 1892 Wien)

*Archivalisch nur von 1840–1843 im Zeichenunterricht
nach der Antike bei Leopold Kupelwieser nachweisbar.
Als Autor dieser Zeichnung galt bisher Hubert Maurer,
durch die Signatur auf der Rückseite und stilistische
Vergleiche kann dieses Blatt jedoch eindeutig Franz
Ruß zugeschrieben werden.*

Sitzender männlicher Akt, 1840/43

*Schwarze Kreide, mit weißer Kreide gehöht,
auf braunem Papier
575 x 432 mm
Mi. u.: Akademiestempel: „K.K.AKAD.WIEN"
verso: bez.: li. u.: „F.Ruß" (schwarze Kreide)
Inv. 12.233*

KRAMER
WIEN

18233

13/109

33

Kurzbauer, Eduard

(1840 Wien – 1879 München)

Studierte von 1856–1861 an der Vorbereitungsschule für Malerei bei Karl Mayer und Karl Wurzinger. 1861 erhielt er den Lampi Preis für das Zeichnen nach dem Naturmodell.

Sitzender männlicher Akt, 1860

Schwarze Kreide, mit weißer Kreide gehöht, auf grauem Papier
554 x 356 mm
bez.: re. u.: „E. Kurzbauer 1860" (schwarze Kreide)
Inv. 10.731

107/31 Kürzbauer

E. Kürzbauer
1860

5/115

34

Tautenhayn, Josef
(1837 Wien – 1911 Wien)

Studierte von 1851–1859, nach dem Besuch der Elementarschule besuchte er die Modellierschule, die Vorbereitungsschule für Skulptur und die Meisterschule für Graveur-Bildhauerei. 1881–1904 Professor und Leiter der Spezialschule für Graveur- u. Medailleurkunst.

Stehender männlicher Akt, 1856

Bleistift, Weißhöhung, auf grauem Papier
550 x 370 mm
bez.: li. u.: „Josef Tautenhayn 1856 gezeichnet nach Natur" (Bleistift), „1856" (Feder in Braun)
re. u.: Bleistiftskizze eines Jünglings mit Hut, Profil
Prov.: Schenkung des Sohnes des Künstlers
Inv. 26.819

35

Griepenkerl, Christian

(1839 Oldenburg – 1916 Wien)

1875–1910 Professor der Allgemeinen Malerschule,
1878–1910 deren Leiter, 1877–1910
Leiter einer Spezialschule für Historienmalerei.

Sitzender männlicher Akt, Arm- u. Fußstudien

Bleistift
374 x 317 mm
Inv. 17.807

36

Genelli, Buonaventura
(1798 Berlin – 1868 Weimar)

Ein Stipendium der Königin der Niederlande ermöglichte Genelli von 1822–1832 einen Aufenthalt in Rom, wo er unter anderem mit Carl Rahl eine freundschaftliche Beziehung pflegte. 1870 wurde der gesamte zeichnerische Nachlaß von seiner Witwe Caroline dem Kupferstichkabinett verkauft.

Aktstudie einer am Rücken liegenden Frau mit herabhängendem Oberkörper, um 1864

Bleistift, gewischt
199 x 258 mm (Passepartout-Ausschnitt)
re. Rand Mi.: Akademiestempel :"K.K.AKAD.WIEN"
Inv. 6.900
Lit.: Ebert 1971

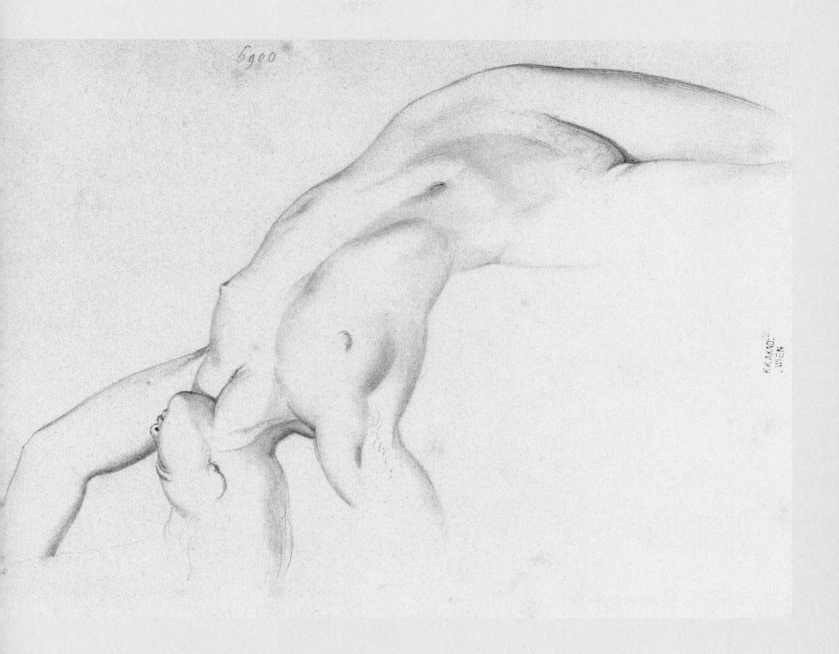

37
Genelli, Buonaventura
(1798 Berlin – 1868 Weimar)

Nach links schreitender weiblicher Akt mit zu
Betrachter gewendetem Kopf, vor 1864
(Studie zu „Bacchus flieht vor Lykurg")

Bleistift, gewischt
190 x 196 mm (Passepartout-Ausschnitt)
Mi. u.: Akademiestempel:" K.K.AKAD.WIEN"
Inv. 6.911
Lit.: Ebert 1971, p. 167 ff.

38

Feuerbach, Anselm

(1829 Speyer – 1880 Venedig)

Professor und Leiter einer „systemisierten" Spezialschule
für Historienmalerei von 1872–1877.

Gaea, 1875
Skizze zum Deckengemälde der
Aula der Akademie der bildenden Künste, Wien

Rötel, schwarze Kreide, weißer und gelber Pastellstift,
auf blaugrauem Papier
625 x 475 mm
bez.: li. u.: „A.F. 75" (schwarze Kreide)
Inv. 17.727
Lit.: AK Karlsruhe 1976, p. 99, 207, Z 49, Abb. p. 318;
Roth 1985, p. 86

39

Feuerbach, Anselm

(1829 Speyer – 1880 Venedig)

Okeanos, 1875 ?
Skizze zum Deckengemälde der
Aula der Akademie der bildenden Künste, Wien

Rötel, schwarze Kreide,
auf blaugrauem Papier/aufgezogen
620 x 470 mm
bez.: Mi. u.: „Okeanos" (schwarze Kreide)
verso: li. u.: Akademiestempel „K.K.AKAD.WIEN"
Inv. 17.728
Lit.: Roth 1985, p. 95

40

Feuerbach, Anselm

(1829 Speyer – 1880 Venedig)

Skizze zum „Titanensturz", 1875-79
Deckengemälde der Aula der Akademie der bildenden
Künste, Wien

Bleistift, Braunstift, auf grauem Papier
368 x 286 mm
Inv. 17.731
Lit.: Roth 1985, p. 82

41
Feuerbach, Anselm
(1829 Speyer – 1880 Venedig)

Skizze zum „Titanensturz"(Skurz, Ritare in isorcio),
1879?
Deckengemälde der Aula der Akademie der bildenden
Künste, Wien

Rotstift
354 x 256 mm
Inv. 17.778
Lit.: Roth 1985, p. 76

42

Feuerbach, Anselm

(1829 Speyer – 1880 Venedig)

Skizze zum „Titanensturz" (Skurz, Ritare in isorcio), 1879
Deckengemälde der Aula der Akademie der bildenden Künste, Wien

Rotstift
313 x 247 mm
bez.: li. u.: „A.F.79" (Rotstift)
Inv. 17.779
Lit.: Roth 1985, p. 77

43

Feuerbach, Anselm

(1829 Speyer – 1880 Venedig)

Skizze zum „Titanensturz" (Skurz, Ritare in isorcio),
1879?
Deckengemälde der Aula der Akademie der bildenden
Künste, Wien

Rotstift
349 x 279 mm
bez.: li. u.: „AF." (Rotstift)
Inv. 17.780
Lit.: Roth 1985, p. 77

44

Makart, Hans

(1840 Salzburg – 1884 Wien)

Archivalisch ist nur der Besuch der Vorbereitungsschule
der Akademie vom April bis September 1858 belegt. Von
1879–1884 Professor und Leiter einer systemisierten
Spezialschule für Historienmalerei, an der er jedoch nur
bis 1881 unterrichtete.

Nackte Frauengestalten am Kreuz
(Skizze zu einem Deckenbild)

Graphit auf Pauspapier (li.o.Ecke beschnitten)
455 x 347 mm
re. u.: Nachlaßstempel: „MARKARTS NACHLASS",
re. u.: Akademiestempel: „K.K.AKAD.WIEN"
Inv. 17.350
Lit.: Pirchan 1942, Abb. 73; Frodl 1974;
AK Salzburg 1984, p. 256, Kat. Nr. 274, m. Abb.

45

Jettmar, Rudolf

(1869 Zawodzie – 1939 Wien)

Studierte von 1886–1889 an der Allgemeinen
Malerschule bei August Eisenmenger, von 1889-1894
an der Specialschule und im WS 1897/98 als Gasthörer
bei William Unger. Von 1910–1929 Professor der
Allgemeinen Malerschule, deren Leiter von 1925–1927,
Leiter einer Meisterschule für Malerei 1924–1929
und der Meisterschule für graphische Künste von
1929–1936.

Errettung vom Scharfrichter, 1896

Feder in Schwarz, laviert
bez:. li. u.: „RUDOLF JETTMAR 96" (Feder in Schwarz)
285 x 459 mm
Inv. 21.229
Lit.: Hofstaetter 1984, Z 38; AK Wien 1989

46

Klimt, Gustav

(1862 Wien – 1918 Wien)

Klimt wurde mehrfach als Professor an der Akademie vorgeschlagen, es kam jedoch nie zu einer Berufung: 1893 primo et unico loco für die Nachfolge von Leopold Carl Müller, 1895–1898 für die Nachfolge von Josef Mathias Trenkwald, 1896 für die Nachfolge von Karl Rudolf Huber, 1910 für die Nachfolge von Christian Griepenkerl, gegen die Thronfolger Franz Ferdinand persönlich protestierte, und schließlich 1911 für die Nachfolge von Siegmund l'Allemand.

Jünglingsakt von vorne mit Stab auf den Schultern, 1904-1912

Bleistift
564 x 373 mm
re. u.: Nachlaßstempel: „GUSTAV KLIMT NACHLASS"
Prov.: Ankauf von Hr. Zimpel, 1941
Inv. 26.184
Lit.: Strobl 1982, Bd. II, p. 106, Nr. 1525

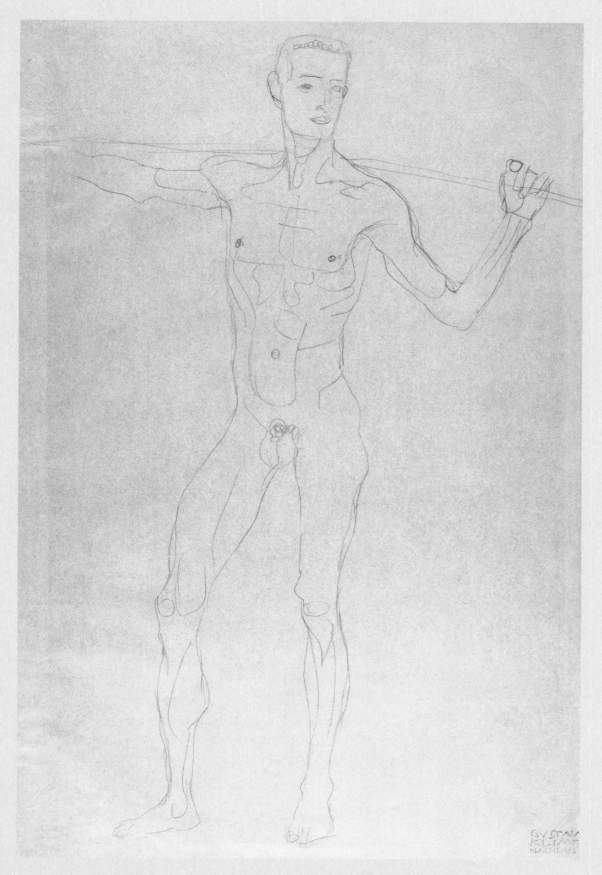

47

Klimt, Gustav

(1862 Wien – 1918 Wien)

Stehender weiblicher Akt nach links, 1910

Tintenkuli (laut Untersuchungen am Institut für Farbenlehre und Farbenchemie, Prof. Franz Mairinger)
565 x 374 mm
li. u.: Nachlaßstempel: „GUSTAV KLIMT NACHLASS"
Prov.: Ankauf von Hr. Zimpel, 1941
Inv. 26.185
Lit.: Pack 1968, p. 73 u. 95, Abb. 120; AK Wien 1972, p. 15; Strobl 1982, Bd. II, p. 250, Nr. 2011

48

Klimt, Gustav

(1862 Wien – 1918 Wien)

Liegender weiblicher Akt, den Kopf aufstützend, 1910

Blauer Farbstift
371 x 562 mm
li. u.: Nachlaßstempel: „GUSTAV KLIMT NACHLASS"
Prov.: Ankauf von Hr. Zimpel, 1941
Inv. 26.187
Lit.: Strobl 1982, Bd. II, p. 214, Nr. 1889

49

Schiele, Egon

(1890 Tulln – 1918 Wien)

*1906–09 Studium an der Allgemeinen Malerschule von
Christian Griepenkerl und Studium der Anatomie bei
Hermann Heller.*

Kniender Jüngling, 1908

Schwarze Kreide, aquarelliert
451 x 317 mm
bez.: li. u.: „SCHIELE 08" (schwarze Kreide)
Prov.: Schenkung H. Schieber, 1917
Inv. 17.853
*Lit.: AK Wien, 1984, Nr. 12; AK Wien 1988, p. 270;
Kallir 1990, p. 373, Kat. Nr. 230, m. Abb.*

50

Schiele, Egon

(1890 Tulln – 1918 Wien)

Weiblicher Akt in Vorderansicht, 1918

Schwarze Kreide
471 x 299 mm
bez.: re. u.: „EGON SCHIELE 1918" (schwarze Kreide,
in oben breiterer trapezförmiger Umrandung)
verso: 2 Rundstempel: „AKADEMIE DER BILDENDEN
KÜNSTE IN WIEN"
Prov.: Neue Galerie Otto Nirenstein, 8. Nov. 1948
Inv. 26.700
Lit.: Pack 1968, p. 75 u. 95, Abb. 121; AK Wien 1972,
p. 19; Kallir 1990, p. 624, Kat. Nr. 2366, m. Abb.

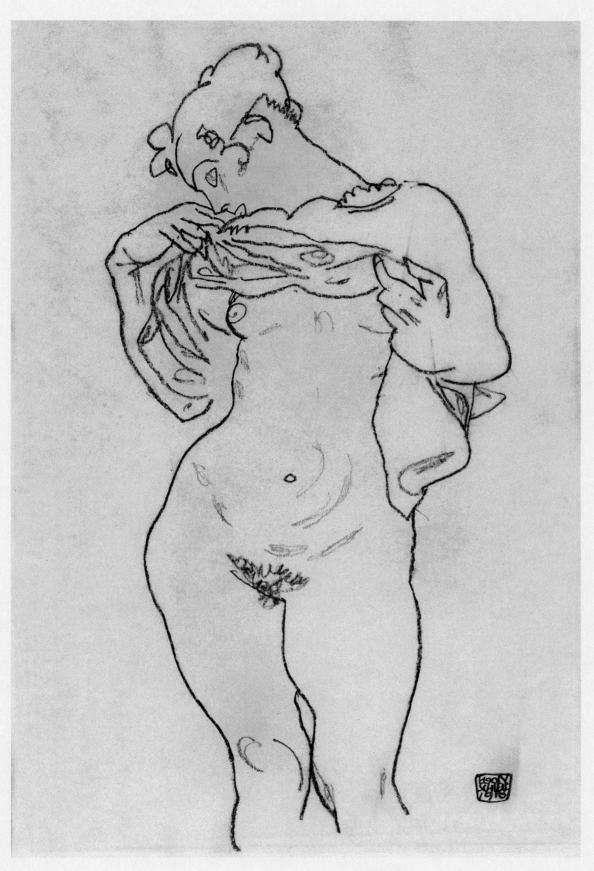

51

Bacher, Rudolf

(1862 Wien – 1945 Wien)

Studium von 1882–1885 an der Allgemeinen
Malerschule in der Spezialschule Leopold Carl Müller.
Professor der Allgemeinen Malerschule 1903–1920,
deren Leiter 1910–1919, Leiter einer Spezialschule für
Malerei 1907–1919, Supplierung der systemisierten
Meisterschule nach Franz Rumpler 1919, deren Leiter
1920–1933. Rektor 1911–1913, 1915–1917, 1924–
1926, Prorektor 1913–1915, 1917–1922, 1926–1928.

Sitzender weiblicher Akt

Schwarze Kreide, mit weißer Kreide gehöht,
auf blauem Naturpapier
457 x 285 mm
verso: Mi. u.: Nachlaßstempel, re. u.: Rundstempel
Prov.: Ankauf vom Bruder des Künstlers, Oktober 1946
Inv. 26.432

52

Boeckl, Herbert

(1894 Klagenfurt – 1966 Wien)

*Rektor 1945/46, 1962–1965, amtsführender Rektor 1945,
Leiter des Abendaktes 1939–1966, a.o. Prof. an der
Allgemeinen Malerschule 1935–1939, o. Prof. 1950.*

Männlicher Akt (Torso), 1920

*Kohle, auf gelblichem Papier
483 x 385 mm
bez.: re. u.: „B 20" (Kohle)
Prov.: Leihgabe d. BMfU (Artothek), Oktober 1957
Inv. 27.315
Lit.: AK Wien 1972, p. 19; AK Horn 1988, p. 30,
Abb. P. 15; AK Hamburg, 1989*

53

Sterrer, Karl

(1885 Wien – 1972 Wien)

Besuchte von 1901–1905 die Allgemeine Malerschule
bei Julius Schmid, von 1905–1908 die Spezialschule
von Christian Griepenkerl. 1905 erhielt er den Aktpreis
und 1908 das Kenyon Reisestipendium. 1921–1933
Professor der Allgemeinen Malerschule, 1933–1938
Leiter einer systemisierten Meisterschule für Malerei,
1938–1945 Leiter einer Allgemeinen Meisterschule für
Malerei 1939–1945, im Wintersemester 1937/38
Rektor.

Weiblicher Dreiviertel-Akt, Rückenansicht, 1925

Schwarze Kreide, über Bleistift
665 x 503 mm
bez.: re. u.: „K. Sterrer 25" (schwarze Kreide)
Prov.: Legat Leopoldine Cmelinsky, 1995
Inv. 33.957
Lit.: Weixlgärtner 1925

54

Sterrer, Karl

(1885 Wien – 1972 Wien)

Halbfigur eines männlichen Rückenakts, 1948

Schwarze Kreide, laviert
505 x 334 mm
bez.: li. u.: „K. STERRER" (schwarze Kreide)
bez.: re. u.: „48" (schwarze Kreide),
re. u.: Sammlungsstempel: Dr. Sammer
verso: Landschaftsstudie
Bleistift, aquarelliert
Prov.: Schenkung Dr. Sammer, 1992
Inv. 30.070
Lit.: Weixlgärtner 1925

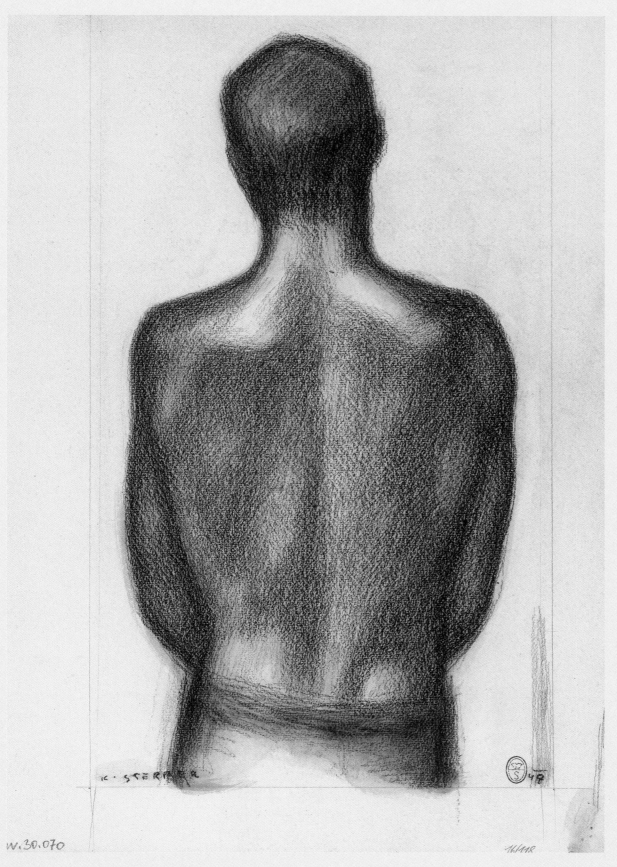

K·STERRER

W.30.070

16/118

55

Hanak, Anton

(1875 Brünn – 1934 Wien)

1898 Gasthörer, von 1899–1902 Studium an der
Allgemeinen Bildhauerschule, 1902–1904 an der
Spezialschule Eduard Ritter von Helmer. 1932–1934
Professor und Leiter einer Meisterschule für Bildhauerei.

Weiblicher Akt, liegend

Kopierstift, violett laviert, über Bleistift
165 x 243 mm
bez.: re. u.: „ANTON HANAK" (Kopierstift)
Prov.: Slg. Prof. Rudolf Schmidt, Kauf im Dezember
1955
Inv. 27.203
Lit.: AK München 1969; AK Wien 1984

56
Hanak, Anton
(1875 Brünn – 1934 Wien)

Weiblicher Akt, 1925

Kopierstift, violett laviert, über Bleistift
280 x 193 mm
bez.: re. u.: „ANTON HANAK 25" (Kopierstift)
Prov.: Slg. Prof. Rudolf Schmidt, Kauf im Dezember
1955
Inv. 27.204
Lit.: AK München 1969

57

Brusenbauch, Artur

(1881 Preßburg – 1957 Wien)

*1910 Gasthörer, 1911–1913 Studium an der
Allgemeinen Malerschule, von 1913–1915 bei Rudolf
Bacher, von 1915–1918 Unterbrechung wegen des
Militärdienstes, von 1918–1920 an der Allgemeinen
Malerschule. 1912 erhielt er den Aktpreis und 1920
das Kenyon Reisestipendium.*

Liegender Akt

*Kohle, mit weißer Kreide gehöht,
auf graubraunem Karton
344 x 500 mm
bez.: re. u.: „Brusenbauch" (Kohle)
Prov.: Ankauf von Carola Kutschera
Inv. 27.247*

58
Brusenbauch, Artur
(1881 Preßburg – 1957 Wien)

Selbstakt, ohne Kopf

Schwarze Kreide
582 x 447 mm
bez.: re. u.: „AB. Selbstakt" (schwarze Kreide)
Prov.: Johannes Brusenbauch, Oktober 1985
Inv. 29.355

Selbstakt

59
Kolig, Anton
(1886 Neutitschein – 1950 Nötsch)

*1906–1907 Besuch der Allgemeinen Malerschule, von
1907–1910 bei Heinrich Lefler und WS 1911/12 bei
Alois Delug.*

Liegender Akt, 1936

*Bleistift, auf bräunlichem Papier
437 x 333 mm
bez.: li. u.: „A. Kolig 1936" (Bleistift)
bez.: Mi. u.: „Der lieben Christl zum Wiedersehen
Juli 1936 ihr Tonio" (Bleistift)
verso: re. u.: Akademiestempel: „AKAD. BIBL. WIEN"
Prov.: Ankauf, November 1958
Inv. 27.468
Lit.: Weiermair 1984*

60

Janschka, Fritz

(1919 Wien)

1943–1944 Studium der Malerei an der Meisterschule Sergius Pauser und 1945–1949 an der Meisterschule Albert Paris Gütersloh.

Raumexperiment, 1948

Feder in Schwarz, aquarelliert, auf Papier, auf Leinwand aufgezogen
254 x 395 mm
bez.: re. u.: „Janschka Fritz 1948" (Feder in Schwarz)
Prov.: Ankauf vom Künstler, 9. März 1949
Inv. 26.709

61

Gütersloh, Albert Paris

(1887 Wien – 1973 Baden)

A.o. Prof. 1947, o. Prof. 1955, 1945–1962 Leiter einer
Meisterschule für Malerei sowie des Freskokurses,
Rektor 1953/54.

Die Kunst, 1952/53
Entwurf zu einem Gobelin für die Aula der Akademie
der bildenden Künste, Wien

Gouache, Tusche, über Bleistift
374 x 297 mm
bez.: li. u.: „Gütersloh 52/3" (Bleistift)
bez.: re. u.: „Entwurf zu einem Gobelin für die Aula
der Akademie" (Bleistift)
Prov.: Schenkung des BMfU (Artothek), Mai 1967
Inv. 28.054
Lit.: AK Wien 1972, p. 11; AK Wien 1987, Nr. 297;
AK Horn 1988, p. 32, Abb. P. 18

SUPREMA ARTIS LEX NECESSITAS SUA

Gütersloh 52/3

Entwurf zu einem Gobelin für die Aula der Akademie

147

62

Andersen, Robin Christian

(1890 Wien – 1969 Wien)

*Tit.o. Prof. 1950, Lehrbeauftragter 1955, Honorarprof.
1956, Leiter einer Meisterschule für Malerei 1945–1965,
Leiter der Meisterschule für Kunsterziehung 1957/58,
1961/62, Rektor 1946–1948 und Prorektor 1948–1951.*

Rückenansicht eines sitzenden Frauenaktes

*Schwarze Kreide, auf weißem Packpapier
499 x 348mm
bez.: re. u.: „Robin C. Andersen" (schwarze Kreide)
Sz.: Sammlung Dr.Otto Brill (Sammlung OB, in
Kreisform), Lugt 2005a.
re. o.: Sammlungsstempel der Akademiebibliothek RS
Prov.: Sammlung Dr. Otto Brill, Ankauf vom Dorotheum
am 1.10.1958, Kat. Nr. 292
Inv. 27.392
Lit.: AK Wien 1972, p. 8; AK Horn 1988, p. 29, Abb.
p. 13*

63

Wotruba, Fritz

(1907 Wien – 1975 Wien)

1945–1947 Lehrbeauftragter und prov. Leiter der Meisterschule für Bildhauerei, 1947–1975 a.o. HS Prof. und Leiter der Meisterschule für Bildhauerei, 1951– 1952 Supplent der Meisterschule für Naturstudien (Abendakte), 1953/54 Supplent der Meisterschule für Bildhauerei Franz Santifaller und o. HS Prof., 1954, 1965/66 Supplent der Meisterschule für Bühnenbild und Festgestaltung Caspar Neher.

Figur mit erhobenem Arm, 1952

Feder in Braun und Grün, laviert
413 x 208 mm
bez.: re. u.: „Wotruba 1952" (Bleistift)
Inv. 28.861
Lit.: AK Horn 1988, p. 39, Abb. P. 27

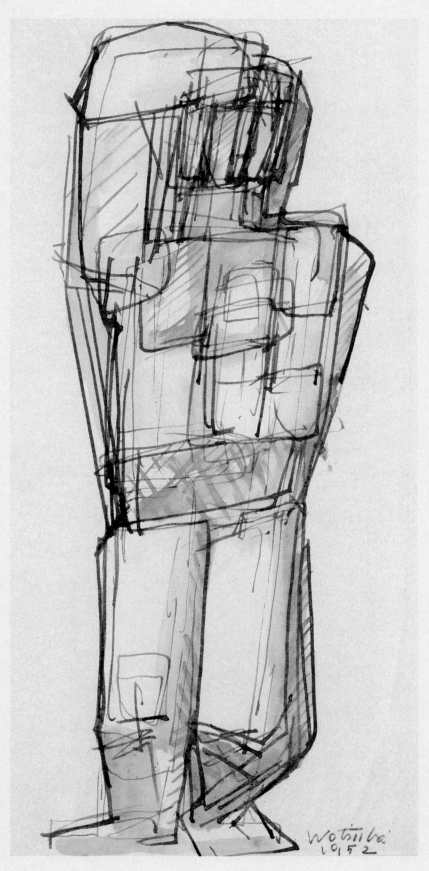

64
Wotruba, Fritz
(1907 Wien – 1975 Wien)

Drei Figuren, 1958

Feder in Schwarz
296 x 210 mm
bez.: li. u.: „1958" (Feder in Schwarz)
bez.: re. u.: „Wotruba" (Feder in Schwarz)
Inv. 28.862
Lit.: AK Horn 1988, p. 38

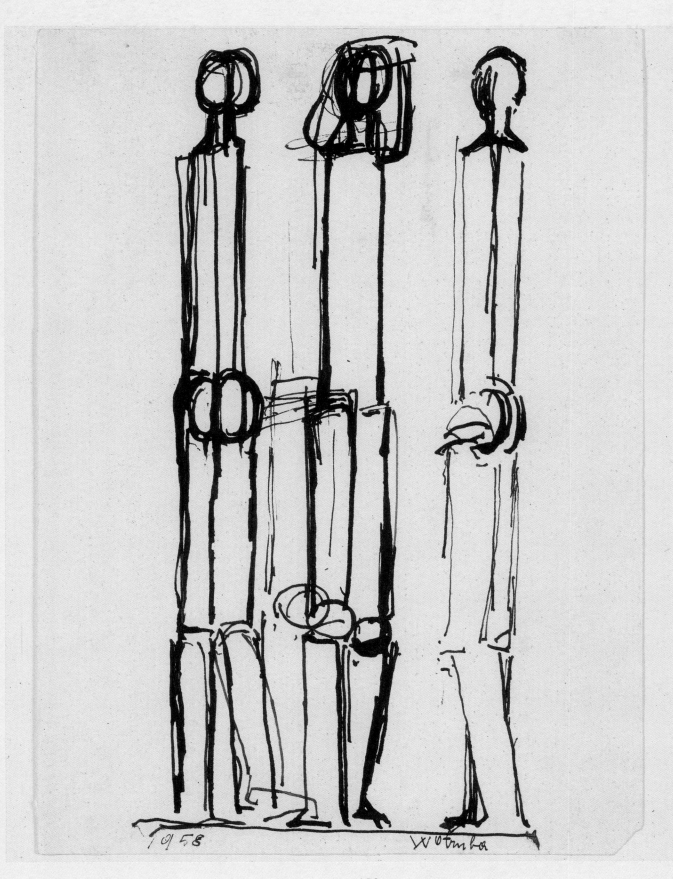

1958   Wotruba

65

Avramidis, Joannis
(1922 Batum)

*1945–1949 Studium der Malerei in der Meisterschule
Robin Christian Andersen , 1950–1952 Studium der
Konservierung und Technologie bei Robert Eigenberger
und 1953–1956 Studium der Bildhauerei in der Meisterschule Wotruba, die er alle mit Diplom abschloß. Im
WS 1965/66 provisorische Leitung der Meisterschule
für Naturstudien (Abendakt), 1968–1992 o. HS Prof.
und Leiter der Meisterschule für Bildhauerei, 1975–
1977 Supplent der Meisterschule für Bildhauerei
Wotruba.*

Akt, 1954

Kohle
454 x 312 mm
bez.: re. u.: „J. Avramidis 1954" (Kohle)
verso: re. u.: Akademiestempel
Prov.: Ankauf vom Künstler 1955
Inv. 27.158
Lit.: AK Stuttgart 1986, AK Horn 1988, p. 29

155

66
Avramidis, Joannis
(1922 Batum)

Liegende Figur, 1958

Bleistift
348 x 400 mm
bez.: re. u.: „Avramidis 1958" (Bleistift)
Prov.: Schenkung: Hämmerle Textilwerke AG., April 1978
Inv. 28.822
Lit.: AK Stuttgart 1986; AK Horn 1988, p. 30

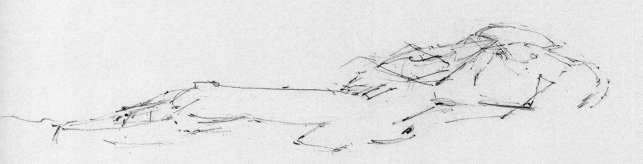

Avramidis 1958

67

Prantl, Karl

(1923 Pöttsching)

*1946–1962 Studium der Malerei an der Meisterschule
bei Albert Paris Gütersloh.*

Drei gehende weibliche Akte

Kreide
557 x 432 mm
bez.: re. u.: „Karl Prantl" (Bleistift)
verso: re. u.: Akademiestempel: „AKAD.BIBL.WIEN"
Prov.: Leihgabe des BMfU (Artothek)
Inv. 27.088
*Lit.: AK Wien 1972, p. 18; AK Horn 1988, p. 36, Abb.
P. 23*

68
Hrdlicka, Alfred
(1928 Wien)

Studierte zuerst bei Albert Paris Gütersloh von 1946–
1948, dann bei Josef Dobrowsky von 1948–1953
Malerei. Nach dem Diplom von 1953–1957 Studium
der Bildhauerei an der Meisterschule Fritz Wotruba,
welches er ebenfalls mit Diplom abschloß.

Weiblicher Akt, 1948

Bleistift, auf braunem Packpapier
545 x 404 mm
bez.: re. u.: „Hrdlicka, Alfred, 1948" (Bleistift)
verso: „Weiblicher Akt"
Bleistift, mit Korrekturen von Herbert Boeckl (laut
Auskunft des Künstlers)
Prov.: Ankauf vom Künstler 1984
Inv. 29.214
Lit.: AK Berlin 1985; AK Horn 1988, p. 261, Abb.,
p. 147

Hrdlicka Alfred

(1948)

69
Rainer, Arnulf
(1929 Baden)

*Studium an der Akademie, 1981 provisorischer Leiter
einer Meisterschule für Malerei, HS Prof. und Leiter
der Meisterschule von 1981–1995.*

Stehender weiblicher Akt, 1953

*Bleistift
498 x 698 mm
bez.: re. u.: „Rainer 53" (Bleistift)
Inv. 27.164
Lit.: AK Horn 1988, p. 36; AK Kunstforum, Wien 2000*

70

Mikl, Josef

(1929 Wien)

*1948–1955 Studium der Malerei in der Meisterschule
Josef Dobrowsky und im WS 1955/56 bei Albert Paris
Gütersloh Freskomalerei. 1969–1997 HS Prof. und Leiter
einer Meisterschule für Malerei, 1972–1997 Leiter der
Meisterschule für Naturstudien (Abendakt).*

Akt, 1954

Blauer und roter Farbstift
432 x 305 mm
bez.: li. u.: „Mikl 54" (blauer Farbstift)
Prov.: Ankauf vom Künstler, Jänner 1955
Inv. 27.122
Lit.: AK Wien 1979; AK Horn 1988, p. 34, Abb. 20

71
Eisler, Georg
(1928 Wien – 1998 Wien)
Besuchte im Sommersemester 1950 und im
Wintersemester 1954/55 als Gasthörer den Abendakt
bei Boeckl.

Zwei weibliche Akte, liegend und sitzend, 1955

Graphit, laviert
314 x 440 mm
bez.: re. u.: „Georg Eisler 10. V. 55" (Graphit)
verso: re. o. Prägestempel: LEYKAM
Prov.: Schenkung d. Künstlers, Dezember 1983
Inv. 29.099
Lit.: AK Horn 1988, p. 31

9.099

72

Lassnig, Maria

(1919 Kappel/Krappfeld)

1940–1943 Studium der Malerei bei Wilhelm Dachauer und Abschluß im WS 1943/44 mit dem Diplom bei Ferdinand Andri. Jeweils in den WS besuchte sie von 1954–1958 den Kurs für Freskomalerei bei Albert Paris Gütersloh.

Zwei Figuren am Strand, 1967

Tempera, schwarze Kreide, über Bleistift
500 x 538 mm
bez.: re. u.: „M. Lassnig 1967. Bussi Maria"
bez.: li. u.: „5452"
re. u.: lappig eingebuchtet
Prov.: Schenkung d. Österr. Investitionskredit AG, April 1978
Inv. 28.838
Lit.: Peters/Skreiner 1982; AK Horn 1988, p. 34, Abb., p. 19; AK Wien 1992

73

Schmalix, Hubert

(1952 Graz)

1970–1976 Studium an der Meisterschule für Druck-
graphik Maximilian Melcher. Seit 1997 Leiter der
Meisterschule für Malerei und Graphik mit besonderer
Berücksichtigung der Kunst im öffentlichen Raum.

Weiblicher Akt, kniend, 1998

Bleistift, auf Transparentpapier
610 x 481 mm
bez.: re. o.: „Schmalix 98" (Bleistift)
Prov.: Geschenk des Künstlers, 2000
Inv. 34.834
Lit.: Kahler 1998, AK Krems 1998

74
Schwarzwald, Christian
(1971 Salzburg)

1990–1995 Studium der Malerei an der Meisterschule
Markus Prachensky und WS 1995– SS 1996 an der
Meisterschule für Graphik Gunter Damisch. SS 2000
Lehrauftrag an der Meisterschule Prachensky.

Akt, 1999

Pinsel in blau
verso: bez.: re. u.: „SCHWARZWALD 1999"
330 x 259 mm
Prov: Geschenk des Künstlers, 2000
Inv. 34.851
Lit.: AK Wien 1997; AK Salzburg 1999

Alphabetisches Künstlerverzeichnis

Abbildungsverzeichnis

Bibliographie

Abgekürzt zitierte Literatur:

Bammes 1992: Gottfried Bammes, Akt - Das Menschenbild in Kunst und Anatomie, Stuttgart-Zürich 1992

Cerny 1976: Walter Cerny, Die Entstehungsgeschichte der Gemälde der Wiener Akademie nach den Quellen im Akademiearchiv, In: AK Karlsruhe 1976

Clark 1985: Anthony M. Clark, Pompeo Batoni - A Complete Catalogue of his works with an Introduction Text, New York 1985

Dachs 1996/97: Monika Dachs, Josef Winterhalder der Ältere und Paul Troger - Definitionsversuch eines Zeichenstils, In: Kunstjahrbuch der Stadt Linz, Linz 1996/97, p. 124

Deutsch 1952: Werner R. Deutsch, Die Aktzeichnung in der europäischen Kunst 1400-1950, Bonn 1952

Diderot 1770: Diderot-d'Alembert, Encyclopédie ou Dictionnaire Raisonné des Sciences, des Arts et des Métiers, Paris 1770

Dreger 1917: Moriz Dreger, Die K.K. Akademie der bildenden Künste in Wien in den Jahren 1892-1917, Wien 1917

Ebert 1971: Hans Ebert, Buonaventura Genelli - Leben und Werk, Weimar 1971

Feuchtmüller 1970: Rupert Feuchtmüller, Leopold Kupelwieser und die Kunst der österreichischen Spätromantik, Wien 1970

Frodl 1974: Gerbert Frodl, Hans Makart, Salzburg 1974

Hammerschmied 1997: Ilse Hammerschmied, Albecht Dürers kunsttheoretische Schriften, Egelsbach-Frankfurt-New York 1997

Hauser 1969: Arnold Hauser, Sozialgeschichte der Kunst und Literatur, München 1969

Hofstaetter 1984: Hans H. Hofstaetter, Rudolf Jettmar, Wien 1984

Kallir 1990: Jane Kallir, EgonSchiele - The Complete Works, New York 1990

Koller 1993: Manfred Koller, Die Brüder Strudel - Hofkünstler und Gründer der Kunstakademie, Innsbruck 1993

Lützow 1877: Carl von Lützow, Geschichte der Kais. Kön. Akademie der bildenden Künste, Wien 1877

Pack 1968: Claus Pack, Graphik in Österreich, Wien 1968

Peters/Skreiner 1982: Hans Albert Peters/Wilfried Skreiner (Hrsg.), Maria Lassnig - Zeichnungen, Aquarelle, Gouachen, 1949-1982, Düsseldorf 1982

Pevsner 1973: Nikolaus Pevsner, Die Geschichte der Kunstakademien, München 1973

Pirchan 1942: Emil Pirchan, Hans Makart, Wien 1942

Plank 1999: Angelika Plank, Akademischer und schulischer Elementarzeichenunterricht im 18. Jahrhundert, Frankfurt am Main 1999

Prange 1998: Peter Prange, Die Wiener Kunstakademie zwischen Reform und Stagnation, In: Tacke Andreas Hrsg., Herbst des Barock - Studien zum Stilwandel, Die Malerfamilie Keller (1740-1904), München-Berlin 1998, p.339

Rittinger 2000: Bernhard Rittinger, Joseph von Führich - Unbekannte Aktzeichnungen aus seiner Prager Studienzeit (1819-1825), Technische Universität Wien, Universitätsarchiv, Heft 6, Wien 2000

Roth 1985: Bärbel Roth, Studien zu Anselm Feuerbachs Deckengemälde in der Aula der Akademie der bildenden Künste, Wien, phil. hist. Magisterium, Heidelberg 1985

Rozman 1978: Ksenija Rozman, Franz Caucig 1755-1828, Ljubljana 1978

Sammer 1980: Alfred Sammer, Die Theresianischen Statuten der Akademie der bildenden Künste in Wien, Wien 1980

Schreiden 1976: Pierre Schreiden, L'influence Française à Vienne dans les Arts Plastiques au cours de la première moitié du XVIII. siècle, phil. diss., Bruxelles 1976

Schwarzenberg 1974: Anna Maria Schwarzenberg, Studien zu F.H. Füger - Seine Bedeutung als Zeichner, phil. diss. Wien 1974

Strobl 1980: Alice Strobl, Gustav Klimt - Die Zeichnungen, 1878-1903, Salzburg 1980, Bd. I.

Strobl 1982: Alice Strobl, Gustav Klimt - Die Zeichnungen, 1904-1912, Salzburg 1982, Bd. II.

Strobl 1984: Alice Strobl, Gustav Klimt - Die Zeichnungen, 1912-1918, Salzburg 1984, Bd. III.

Strobl 1989: Alice Strobl, Gustav Klimt - Die Zeichnungen, Nachtrag 1878-1918, Salzburg 1989, Bd. IV.

Wagner 1967: Walter Wagner, Die Geschichte der Akademie der bildenden Künste in Wien, Wien 1967

Wagner 1972: Walter Wagner, Die Rompensionäre der Wiener Akademie, In: AK Rom 1972, p. 53

Weiermair 1984: Peter Weiermair, Anton Kolig, Klagenfurt 1984

Weinkopf 1875: Anton Weinkopfs Beschreibung der k.k. Akademie der bildenden Künste in Wien, 1783 und 1790, Wien 1875

Weixlgärtner 1925: Arpad Weixlgärtner, Karl Sterrer - Ein Wiener Maler der Gegenwart, Wien 1925

Abgekürzt zitierte Ausstellungskataloge:

Berlin 1985: Alfred Hrdlicka - Plastik, Zeichnungen, Graphik, Akademie der Künste, Berlin 1985 (Bearb. von Ulrike Jenni)

Graz 1959: Die Kammermaler, Steiermärkisches Landesmuseum Joanneum, Graz 1959 (Bearb. Walter Koschatzky)

Hamburg 1989: Herbert Boeckl, Körper und Räume 1915-1931, Kunsthalle, Hamburg 1989

Horn 1988, Vom Akt zur Figur - Der Moderne Akademische Akt, ehem. Piaristengymnasium, Horn 1988, Wiener Akademie Reihe Band 24 (Konzeption von Heribert Hutter)

Karlsruhe 1976: Anselm Feuerbach (1829-1880), Staatliche Kunsthalle, Karlsruhe 1976

Karlsruhe 1994: Körper und Kontur - Aktstudien des 18. bis 20. Jahrhunderts aus dem Kupferstichkabinett, Staatliche Kunsthalle, Karlsruhe 1994 (Bearb.von Eva-Maria Froitzheim)

Krems 1998: Franz Graf, Renée Green, Peter Kogler, Eva Schlegel, Sue Williams, Kunsthalle, Krems 1998 (Hrsg.: Carl Aigner)

Rom 1972: Österreichische Künstler und Rom, Österreichisches Kulturinstitut, Rom 1972 (Beiträge: Gerbert Frodl, Jörg Garms, Fritz Novotny, Steffi Röttgen, Eduard F. Sekler, Walter Wagner, Renate Wagner-Rieger, Walter Zettl)

Salzburg 1984: Hans Makart (1840-1884), Museum Carolino Augusteum, Salzburg 1984 (Bearb. von Brigitte Heinzl)

Salzburg 1999: Zeichnungen I., Museum für moderne und zeitgenössische Kunst Rupertinum, Salzburg 1999 (Bearb. von Peter Weiermair)

Stuttgart 1986: Joannis Avramidis, Staatsgalerie, Stuttgart 1986

Tours/Toulouse 2000, Les peintres du roi - 1648-1793, Musée des Beaux-Arts de Tours/ Musée des Augustins à Toulouse 2000

Wien 1969: Gegenständliche Kunst heute oder Romantik und kein Ende, In: FIGUR - Eisler, Hrdlicka, Martinez, Schönwald, Schwaiger, Zentralsparkasse der Gemeinde Wien, Wien 1969 (Bearb. von Karl Diemer)

Wien 1969: Österreichische Aktzeichnung von Klimt bis heute - Im Gedenken an Herbert Boeckl, Secession, Wien 1969 (Bearb. von Otto Breicha)

Wien 1972: Aktzeichnungen, Bibliothek der Akademie der bildenden Künste, Wien 1972 (Bearb. von Wanda Lhotsky)

Wien 1977: Johann Evangelist Scheffer von Leonhardshoff 1795-1822, Österreichische Galerie Belvedere, Wien 1977 (Bearb. von Michael Krapf)

Wien 1979: Josef Mikl, Graphische Sammlung Albertina, Wien 1979 (Bearb. von Fritz Koreny)

Wien 1983: Josef Danhauser, Graphische Sammlung Albertina, Wien 1983 (Bearb. von Veronika Birke)

Wien 1984: Egon Schiele. Vom Schüler zum Meister, Akademie der bildenden Künste, Wien 1984, (Bearb. von Serge Sabarsky)

Wien 1984: Anton Hanak 1975-1934, Secession, Wien 1984

Wien 1987: Albert Paris Gütersloh zum 100. Geburtstag, Secession, Wien 1987

Wien 1988: Jugendwerke am Schillerplatz, Akademie der bildenden Künste, Wien 1988 (Bearb. von Ulrike Jenni und Otmar Rychlick)

Wien 1989: Rudolf Jettmar, Historisches Museum der Stadt Wien, Wien 1989 (Bearb. von Hans Bisanz)

Wien 1992: Maria Lassnig, Zeichnungen und Aquarelle, Galerie Ulysses, Wien 1992

Wien 1994: Menschenbild, Österreichische Galerie, Wien 1994 (Bearb. von Thomas Kahlen)

Wien 1997: Christian Schwarzwald, Galerie Krinzinger, Wien 1997 (Text: Peter Weiermair)

Wien 2000: Arnulf Rainer - Gegen Bilder. Retrospektive zum 70. Geburtstag, Kunstforum, Wien 2000 (Hrsg. Ingried Brugger)